基本のキ·ホン

やさしい・かんたん

BUSINESS MANNERS

ビジネスマナー

編｜日本能率協会マネジメントセンター

JN064616

はじめに

　ビジネスマナーの根底にあるのは、相手への「気遣い」や「配慮」です。ビジネスシーンでは上司や先輩はもちろん、取引先、外部協力者などさまざまな人と関わり仕事を進めていきます。これらの人々とコミュニケーションを図り、円滑に仕事を進めていくためには、お互いが不快にならない最低限の約束事が必要で、それがビジネスマナーなのです。

　現在は、テレワークなどの新しい働き方が登場し、相手の状況に応じた気遣い・配慮がより求められます。本書でビジネスマナーの基本を学び、一人前のビジネスパーソンへの第一歩を踏み出していただければ幸いです。

やさしい・かんたん ビジネスマナー

第1章

第一印象が大切！

身だしなみの基本

第 **2** 章

社会人なら当たり前！
コミュニケーションの基本

第4章
1本の電話が会社の評判を左右する！
電話対応の基本

第 **5** 章

お客様の印象をよくする！

来客対応&訪問の基本

第 **1** 章

\ 第一印象が大切! /

身だしなみの
基本

ビジネスマナーは数多くありますが、身だしな
みのマナーは真っ先に身に付けなければなりま
せん。第一印象は3秒で決まるともいわれ、身
だしなみは第一印象を決める重要な要素です。
相手に好印象を持ってもらえれば、仕事がスムー
ズに進行します。

身だしなみとおしゃれの違い

身だしなみの3原則

清潔感 相手にどう見られているか意識する。清潔感のポイントは、スーツや靴の手入れ、髪型を整えるなど日々の積み重ね

機能性 仕事の妨げになるような服装はNG。業務の内容によっては、汚れてもよい服を着るなども、大切な身だしなみ

調和 業種・状況・周囲の人などと調和が取れる服装を意識する。ポイントは時間・場所・場面のTPOを意識すること

● 身だしなみは「おしゃれ」とは異なる

　ビジネスシーンであなたの印象を大きく左右するのが身だしなみです。自分好みのファッションを楽しむおしゃれとは異なり、身だしなみとは「**相手がどう思うか**」を考えて身なりを整えること。相手やその場にふさわしい服装や髪型を装うことは、自分も相手も気持ちよく仕事をするための思いやりでもあります。

● 「清潔感・機能性・調和」がポイント

　身だしなみのポイントは次の3つです。まずは「**清潔感**」。服や靴はもちろん、メガネやマスクなど身に付けるものは清潔さを感じさせ

る装いを心がけます。とはいえ、動きづらい服装では仕事にならないので、働きやすい「**機能性**」も備えましょう。最後のポイントは「**調和**」です。TPO に適さない服装は、周囲の和を乱し、あなたの印象を悪くします。業種や周囲の状況に適した服装を意識しましょう。

● 仕事や会社への信頼にもつながる

仕事は、社内の人はもちろん、取引先、お客様など多くの人たちとの関わりで成り立っています。社外の人にとって、「**会社の顔**」は目の前にいるあなたです。だらしない身だしなみは、あなた自身だけでなく、所属する会社にも不信感を与えかねません。身だしなみは、信頼されるビジネスパーソンへの第一歩です。周囲の人たちから信頼されることは、仕事を円滑に進めるために必要不可欠なことです。

身だしなみが大切な理由

みんなが 会社の代表	お客様や取引先から見れば、社員みんなが会社の印象を左右する会社の代表
円滑に業務が 進行する	第一印象がよいと、周囲の協力が期待でき、業務が円滑に進行していく
自分の評価に つながる	ふさわしくない服装は、仕事への姿勢が悪いと評価され自分の評価が下がる
気持ちの切り 替えができる	仕事中は身だしなみに注意。ファッションは私生活で楽しむことで仕事との気持ちの切り替えができる

Point

☑ 身だしなみは、おしゃれより「他者評価」を優先

☑ 清潔感・機能性・調和が身だしなみの3原則

☑ あなたが会社の顔、身だしなみは「信頼」への第一歩

男性のビジネススタイル

● 信頼される・好感を持たれるビジネススタイル

　男性のビジネススタイルとしてベーシックな服装は「**スーツ**」「**ワイシャツ**」「**ネクタイ**」の3点です。スーツは濃紺、チャコールグレーが着回しやすいカラー。ワイシャツは白が基本ですが、ライトブルーやストライプも定番。ネクタイは無地、細いストライプが無難。似合うネクタイがわからないときは、お店の人に相談してみましょう。

男性の基本的なビジネススタイル

ネクタイ
スーツ・シャツと色や柄が調和しているものを選ぶ

ワイシャツ
色や柄は控えめに。袖丈は、ジャケットの袖口から1cmほど出ているとよい

パンツ
裾が長くても短くてもよくない。くるぶしが隠れる程度の長さに

靴
紐のついた革靴で、色は黒かダーク系が無難

靴下
黒や紺が基本。座ったときに素肌が見えない長さのモノを選ぶ

● 日々の手入れが好感度アップにつながる

　スーツは**体に合ったサイズを選ぶ**と「きちんと感」がアップ。ただ

し、シワだらけのスーツでは台無しです。シワやシミがついたら手入れをし、パンツは折り目が取れないようプレスしましょう。靴やカバンなどの小物は、定期的に磨くなどしてきれいに保ちます。ワイシャツの袖口・首周りは汚れがつきやすい箇所。黄ばみ・黒ずみが定着する前に洗濯したり、クリーニングを活用しましょう。

• スーツスタイルの「小物選び」の基本

　スーツに合わせるベルト・カバン・靴は**同色にすると統一感**が出てすっきり見えます。カラーは黒か濃い茶色が定番。なるべく装飾の少ない、シンプルなものを選びます。靴下はスーツと同系色でそろえましょう。スーツスタイルのマスク選びは、顔のサイズに合った清潔な不織布マスクが最適。マスク着用ではどうしても顔の上半分に視線が集中するので、眉毛とヘアセットは清潔に整えておきます。

身だしなみチェックポイントリスト

- ☑ **寝グセ**や**無精ひげ**はないか
- ☑ ネクタイが**曲がって**いたり**結び目が緩んだり**していないか
- ☑ ワイシャツに**アイロン**がかけられていて、襟や袖は**汚れていないか**
- ☑ パンツの**折り目**はきれいについているか
- ☑ 靴下に**穴が空いて**いないか
- ☑ 靴が**汚れて**いたり、かかとが**すり減って**いないか

Point

- ☑ **「スーツ・ワイシャツ・ネクタイ」**が基本スタイル
- ☑ シワやシミなどに注意、**日々の手入れ**を怠らずに
- ☑ ベルト・カバン・靴を同色にすると**スマート**に見える

女性のビジネススタイル

• スカート or パンツは仕事内容で選択を

　女性のビジネスシーンでの正装は、**ジャケット＋スカート**のスーツ。ただし、動きやすさが求められる仕事内容なら、セミフォーマルのパンツスーツでも問題ありません。スーツの色は濃紺、黒、ベージュ、グレーが基本。体のラインを強調するデザインは避け、働きやすさも考慮して選びましょう。ジャケットのインナーには白無地のシャツ、ブラウス、シワになりにくいカットソーが定番です。

女性の基本的なビジネススタイル

シャツ・ブラウス

襟元が開きすぎていない、シンプルなデザイン。場合によってはカットソーでもよい

スカート・パンツ

座ったときに膝が隠れるくらいの長さ。パンツの場合もシンプルなデザインのものを選ぶ

靴

黒や紺のシンプルなデザイン。ローヒール（3〜5cm）は、疲れにくいのでおすすめ

ジャケット

体のラインが強調されすぎない、黒やベージュなどのオーソドックスなもの

ストッキング

ナチュラルベージュが基本。素足やハイソックス、網タイツはビジネスでは好ましくない

アドバイス

スカートのときは、ジャケットの丈が少し短い方がスマートに。パンツのとき、お尻のラインを隠したいときは、長めのジャケットに

• 生足は NG！ストッキングとパンプスはセット

　ビジネスシーンでは**生足は避け**、ナチュラルカラーのストッキングを着用するのがマナー。パンプスを履く際は"ストッキングとセット"と考えるようにしましょう。冬場に重宝する黒タイツですが、本来はカジュアルなアイテム。着用していいかどうかは会社のルールに従います。ビジネススーツと合わせる靴は、着回しやすい黒のプレーンパンプスで、疲れにくい 3 ～ 5cm のローヒールタイプがベスト。

疲れにくく履きやすい靴の選び方

かかと	つま先	幅
歩いたときにかかとに痛みがないか試着する。ポイントは足の形にかかとのカーブが合っているかをチェック	靴の中の足が自由に動かせるくらいのサイズに。つま先に余裕があっても履き口に隙間があるのは NG	親指と小指のつけ根付近のフィット感をチェック。土踏まずが合わない場合は中敷きを入れる

• 小ぶりなアクセサリーで清楚な華やかさを

　女性の場合はアクセサリーを上手に活用すると**華やかさ**も演出できます。相手に不快感を与える派手なデザインは避け、控えめで清楚に見えるシンプルなアイテムを選びましょう。女性用のマスクは、ベージュやピンクなどカラー付きのタイプも豊富ですが、人前に立つときは清潔感を優先し、白の不織布マスクがおすすめです。

Point

☑ スカート or パンツスーツは TPO に合わせて選択を
☑ 生足厳禁！ナチュラルベージュのストッキングを着用
☑ アクセサリーは、清楚感があるシンプルなものを

カジュアルなビジネススタイル

• カジュアル OK でも「ビジネス」に違いはない

　オフィスカジュアル OK の職場でも、ビジネスの場に変わりはありません。一緒に働く人たちに不快感を与えない身だしなみを心がけます。社外の人と会う機会が多いなら「**ビジネスカジュアル**」の装いがベター。男性はノーネクタイでも問題ありませんが、ジャケットは会社に用意しておき、ボタンダウンシャツにチノパン、革靴など、ラフすぎないファッションを意識するといいでしょう。

• 女性のオフィスカジュアルは自由度が広がる

　業種にもよりますが、女性のオフィスカジュアルはワイドパンツやワンピースなど、**自由度が広がります**。判断に迷ったときは、身だしなみの3原則を思い出しましょう。派手な色柄やブランドの主張が強いものは避け、周囲に馴染む装いを意識します。女性の場合も急な来客や会食に備え、ジャケットを1着会社に置いておくと安心です。

• 取引先のドレスコードがわからない場合

　自分の会社が「クールビズ」や「ウォームビズ」を実施していても、取引先も同じとは限りません。ビジネスシーンの装いは「**相手に合わせる**」のが基本。事前情報がない場合は、ジャケット着用のうえ訪問した方が安心です。もし、事前に「クールビズでお越しください」といわれた場合は、ジャケットは必要ありません。相手の会社の雰囲気に合わせるのも、ビジネスマナーです。

カジュアルスタイルのポイント

ジャケット・ネクタイ

ノージャケット・ノーネクタイでも大丈夫だが、急な来客や外出に対応するために、**会社にジャケットとネクタイを用意しておく**

シャツ

襟のしっかりしたシャツなら、**コットンシャツ**や**ボタンダウン**でも可

ベルト

黒か茶色の革製の**シンプルなデザイン**。靴と同色にすると統一感が出る

パンツ

綿のパンツなどでも OK。**ジーンズ**や**短パン**は避ける

環境省におけるクールビズの服装の可否

	クールビズ	スーパークールビズ
ノーネクタイ	○	○
ノージャケット	○（徹底されてない）	○
半袖シャツ	○	○
ポロシャツ・アロハシャツ	×	○
ハーフパンツ	×	
チノパン	○（徹底されてない）	○
スニーカー	×	○

Point

☑「**ビジネスカジュアル**」なら急な外出でも困らない

☑ 女性は派手な色柄ものを避け、**働きやすい服装**を意識

☑ 先方のドレスコードが不明なら、**ジャケットを羽織る**

職場でのメイクの考え方

• 仕事メイクは「派手すぎない」のがポイント

ビジネスシーンではメイクもマナーのひとつ。自分に合ったメイクをしつつも、**派手になりすぎない**よう気をつけます。濃いアイシャドーや派手な色のマスカラ、リップなどは避け、自然に見えるメイクが好感度アップのカギ。また、いろいろな人がいる職場では、香水や柔軟剤などの強すぎるにおいを気にする人もいるので注意しましょう。

• 仕事の邪魔にならないよう髪はすっきりと

ロングヘアーの人は、仕事の邪魔にならないようすっきり束ねましょう。前髪が長く、目にかかって仕事の効率が落ちる場合は、ピンで留めるなどの工夫を。ヘアアクセサリーも華美すぎるものは避け、黒のヘアゴムやシンプルなバレッタ、クリップなどを職場のルールに応じて選びます。ネイルOKの職場なら、肌馴染みのよいナチュラルカラーを選ぶと**指先が上品**に見えます。

• 男性も積極的に「お手入れ」すべし！

男性も身だしなみの「**お手入れ**」をすることで清潔感がアップします。健やかな肌は健康的で爽やかなイメージを与えるもの。化粧水などを使ったスキンケアを日課にするのがおすすめです。さらに、ひげの剃り残しはないか、鼻毛は出ていないかなどを鏡でチェック。マスクをする機会が増えた昨今では、眉毛に視線がいく機会も増えています。ボサボサになっていたら、ハサミでカットして整えましょう。

身だしなみとしての部位別メイクポイント

目	眉	口元	チーク
アイシャドウはブラウンやグレー系の落ち着いた色に。アイラインを強く引くなどして目元を強調しすぎないように	左右対称に。ナチュラルな弓型に整えるとよい。細すぎたり、極端にカーブをつけすぎたりしないように	血色がよく見える、ピンクやオレンジ系がおすすめ。グロスのみでは色が落ちやすいので、口紅も塗る	オレンジなどの暖色系は健康的に見えるのでおすすめ。つけすぎはビジネスの場ではNG

カミソリ負けへの対処法

患部を冷やす	保湿する	市販薬を試す
患部に熱を感じたら、コットン素材などの肌に優しいタオルを濡らし、肌表面の熱を冷ます	化粧水などの保湿アイテムを利用する。乾燥がひどい場合は、クリームやワセリンなどの重ね塗りもおすすめ	カミソリ負けは、傷への細菌感染が原因なので、抗菌薬で対処できる。症状がひどい場合は病院に行く

アドバイス

肌の乾燥やかゆみ、出血、ニキビができるなどの症状がある人はカミソリ負けしている可能性あり！　2週間を目安に刃を交換したり、力を入れずにひげを剃るなど、まずは肌への刺激を減らす工夫を！

Point

☑ メイクは派手すぎない、**ナチュラルメイク**が基本
☑ 仕事の邪魔になるなら、**髪の毛はすっきりまとめる**
☑ 男性も肌や眉毛のお手入れで**爽やかさアップ！**

他人と差をつける！
ビジネス小物の選び方

•「ビジネスカバン」はA4サイズが入るものを

　ビジネスカバンは革製の黒で、サイズはA4の書類が入る手さげタイプが基本です。通勤では両手が空くリュックサックもありですが、ビジネスシーンではリュックサックを好ましく思わない人もいます。

　取引先やお客様への**訪問用に会社に手さげタイプのカバンを用意**しておきましょう。なお、カバンは床に置くのがマナーなので、自立するタイプを選ぶとなおいいでしょう。

ビジネス小物のポイント

時計

文字盤がシンプルで見やすいものが他人から好まれる。高価なものや、ブランド品は避ける

カバン

A4サイズの書類が入る革製の黒が無難。床に置くときに、自立するものがよい

手帳

誠実な印象を与える、黒や茶色が基本。自分が使い使いやすいものを選んでよい

財布

主張しすぎない、黒や茶色など落ち着いた色がおすすめ。高価なものや、ブランド品は避ける

名刺入れ

黒や茶色などの落ち着いた色で、見た目もよい革製品が基本。高価なものや、ブランド品は避ける

スマホケース

会話のきっかけにもなるので、個性的なデザインでもOK。ただし、デコケースやキャラ柄はNG

• 名刺入れ、手帳、筆記用具…何を選ぶ?

　カジュアルなものからハイブランドのものまで、名刺入れの種類も
さまざまですが、**革製で黒や茶色のシンプルなデザイン**が基本。女性
ならパステルカラーの名刺入れもおすすめです。手帳やメモ帳、筆記
用具はキャラクターデザインなど派手なものは避け、なるべくシンプ
ルなものを。新しい生活様式のエチケットとして、予備のマスクやマ
スクケース、除菌シートなどをカバンに入れておくと安心です。

• ビジネスシーンでは「腕時計」がスマート

　ビジネスシーンでは**腕時計で時間を確認**しましょう。商談中や会議
中にスマホを何度も見ていては、会話に集中していないと思われてし
まう可能性もあります。腕時計はカジュアルすぎないもの、文字盤が
見やすいシンプルなものを選びましょう。あまりにも高価な腕時計は、
相手に不快感を与えることもあるので要注意です。

カバンに常備したい小物

ビジネスに必須	名刺・名刺入れ・筆記用具・手帳
身だしなみを整える	ハンカチ・ポケットティッシュ・手鏡・ヘアブラシ
万一に備える	スマホ充電器・常備薬・絆創膏・ソーイングセット

Point
- ☑ カバンは「A4サイズ収納可」で「自立」するものを
- ☑ 名刺や筆記用具は**シンプルで機能的**なものをチョイス
- ☑ 腕時計は必須!スマホで何度も時間を見るのは失礼

スーツ・靴のメンテナンス方法

● スーツは「ハンガー＋ブラッシング」で長持ち

　職場のドレスコードがスーツの場合は、シーズンごとに**最低3着**は用意しておきたいところ。傷み防止のためにも、毎日同じスーツを着ず、お手入れしながら着回します。帰宅後スーツを脱いだら、型崩れ防止のためすぐに木製ハンガーにかけ、スーツ用ブラシで丁寧にブラッシングしてほこりを取ります。汗やタバコなどのにおいが気になる場合は、消臭スプレーで対策しましょう。

スーツを長持ちさせるポイント

Point 1　毎日着用すると劣化が早くなるので、スーツは数着保有したうえで着回す

Point 2　シワや型崩れを防ぐために、脱いだらすぐハンガーにかける。木製ハンガーは防湿効果があるのでおすすめ

Point 3　毎日ブラッシングする。化学繊維は静電気を起こしやすいので天然毛を

● ワイシャツはアイロンがけで「パリッ」と

　ピシッとしたスーツでも、ワイシャツがよれよれではだらしなく見えてしまいます。ワイシャツやブラウスはアイロンをかけ、**シワのないものを着用**しましょう。アイロンがきいた服は、気持ちまで引き締

めてくれます。どうしてもアイロンが苦手、アイロンがけの時間がない人は、クリーニングを活用したり、シワになりにくい素材のワイシャツ、ブラウスを選ぶのもひとつの手。

● よく歩く人は靴の「かかと」に注意

　靴の手入れは忘れやすいですが、定期的にメンテナンスしましょう。革靴はブラシでほこりを落としてから、専用のクリーナーで汚れをやさしく拭き取ります。艶出し用のクリームを塗ったら、乾いた化学繊維の布で磨きます。靴を長持ちさせるもっとも簡単な方法は、5足の靴を曜日ごとに履き替え**ローテーション**させることです。

靴の手入れ

革靴の磨き方

❶ ブラシでほこりや汚れを落とす

❷ 柔らかい布に、クリーナーをつけて汚れを落とす

❸❷とは別の、新しい布を使い靴墨を全体に塗る

❹ 5分ほど置き、ナイロン製の化学繊維の布で磨く

保管方法

履いた靴は陰干しにして湿気を取り、靴の型を維持するシューキーパーを入れ、型崩れを防ぐ

低温で風通しがよい場所に保管。靴箱には乾燥剤を入れておく

靴は毎日履くとすぐ痛むので、何足か用意しておく

Point

☑ スーツを脱いだらハンガーにかけてブラッシング

☑ ワイシャツが「パリッ」とすると気持ちも引き締まる

☑ 靴は毎日履き替え長持ちさせる

名前は2度いう!?
自己紹介のテクニック

　「新人の○○△△と申します。よろしくお願いいたします」と定型の言い回しではじめ、自己PR、締めという流れで終わりにする自己紹介をしていないでしょうか？　この自己紹介は無難ではあっても、おすすめはできません。

　その理由は、自己紹介の最大の目的が相手に自分の名前を覚えてもらうことだからです。名前の後に他の話を挟むと名前の記憶が薄れてしまうので、名前、自己PRの後は締めの言葉の前にもう一度名前をいって、名前が記憶に残るようにしましょう。

　名前の紹介では、名前に使われている漢字を説明する「解字法」や、「俳優の○○や野球選手の○○と同じ○○です」など、自分の名前を繰り返す方が、印象に残るので実践してみてください。

解字法	名前を繰り返す
苗字は、ビッグの大とマウンテンの山で大山です	苗字は、野球の大谷選手と同じ大谷です
下の名は、夏に生まれた子どもで夏子、大山夏子といいます	名前は、将棋の藤井聡太プロと同じ字の聡太で、大谷聡太といいます

第 2 章

社会人なら当たり前！

コミュニケーションの基本

仕事を進めるには周囲とのコミュニケーションが必須です。学生時代のノリでコミュニケーションをとろうとしてもうまくいきません。社会人に求められるコミュニケーションのマナーを身に付け、周囲と良好な関係を構築し、仕事を円滑に進めましょう。

コミュニケーションの第1歩
挨拶の基本

● 自分から積極的に声をかけるのが本来の挨拶

　ビジネスの場では何事も挨拶から始まるといっても過言ではありません。社会人にとって挨拶ができるということは必須条件です。**自分から先に挨拶**することで相手に好印象を与えることができるので、自ら積極的に行うことが大切です。

　テレワークが浸透し、直接挨拶をする機会が減っていますが、オンラインなどで顔を合わせた際にも自分から挨拶をしていきましょう。

挨拶の定番フレーズ

出社したとき	おはようございます
お礼をいうとき	ありがとうございます
遅れたとき	遅くなりました。申し訳ございません
外出するとき	行ってまいります
帰社したとき	ただいま戻りました
依頼を受けたとき	はい、かしこまりました
上司・先輩に話しかけるとき	失礼いたします。今、よろしいでしょうか
取引先の人に挨拶するとき	いつもお世話になっております
退社するとき	お先に失礼いたします

● 挨拶は笑顔ではっきりと口にする

　社会人なら「おはようございます」「お疲れさまでした」などの挨

拶は日常的に口に出す言葉ですが、ただいえばいいわけではありません。**心を込めてしっかりとした挨拶**をすることが相手に対する敬意の表れになります。大事なのは、笑顔ではっきりと言葉を口にすること。挨拶は毎日の習慣だからこそ大切にしていきましょう。

● 挨拶するときは相手に体を向ける

挨拶をするときは、**体をきちんと相手のほうに向ける**ようにしましょう。首だけ向けても、相手のことを大切に思っているとは誰も思いません。通りすがりの会釈であっても、立ち止まって体を向けるだけで、相手は「わざわざ立ち止まってくれた」と感じます。体を向ける際には足をそろえ、首だけでなく背筋を伸ばすと、立ち居振る舞いが美しく見えて、好印象を与えることができます。

好感度を上げる挨拶

・相手より**先に挨拶**する

・相手に**体を向け**、**目線を合わせ**る

・相手の**名前を呼ぶ**

・**明るく**、**微笑む**

・相手が**聞き取りやすく**、明るい声で

・挨拶の他に**一言添える**

○○さん、おはようございます。今日もよろしくお願いします

Point

☑ 挨拶するときは**自分から積極的に**

☑ 静止して**体を向けて挨拶する**と好印象

☑ 挨拶するときは**笑顔ではっきりと**

気持ちを表す
お辞儀の基本

• お辞儀は気持ちを込めて行う

　テレワークの普及で、お辞儀をする機会が減ったとしても、相手に対して心を込めた正しいお辞儀をすることは大事です。

　そのお辞儀には、**会釈・敬礼・最敬礼**の3種類がありますが、会釈は親しい人とすれ違ったときに行う簡易的なもの、敬礼は初対面の人と挨拶するとき、最敬礼は敬意や感謝、謝罪などを示すときに使うと覚えておきましょう。いずれも背筋を伸ばした正しい姿勢であることが大切です。

• お辞儀の前に立ち姿勢を確認する

　お辞儀をするときは**立ち姿勢**も重要です。かかとをそろえ、あごを引き、背筋を伸ばして、両手を太ももに添えて真っ直ぐに下におろします。

　お辞儀をするときはこの姿勢から腰を折るイメージで行いましょう。猫背だったり、首だけだったり、腕を前にだらんと垂らしているなど、姿勢が悪いと印象がかえって悪くなってしまいます。

• お辞儀の角度は15度ずつ深くする

　お辞儀には、**腰を折る角度**が浅い順に会釈・敬礼・最敬礼の3種類があります。会釈なら腰を折る角度は15度、敬礼は30度、お礼やお詫びなどで最敬礼を行うときは45度が目安です。

　角度の確認は誰かにスマホで撮影してもらい、正しい角度でお辞儀ができるようになるまで練習するとよいでしょう。

立ち姿・歩き方の基本

立ち姿

前を向き、あごを軽く引く

肩の力を抜き、胸を軽く張る

両腕は体の横にそろえる（体の前で軽く手を重ねてもよい）

背すじをしっかり伸ばす

足をそろえる

歩き方

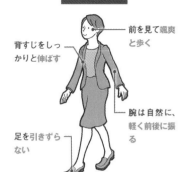

前を見て颯爽と歩く

背すじをしっかりと伸ばす

腕は自然に、軽く前後に振る

足を引きずらない

座り方の基本

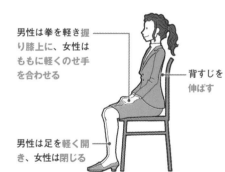

男性は拳を軽く握り膝上に、女性はももに軽くのせ手を合わせる

背すじを伸ばす

男性は足を軽く開き、女性は閉じる

正しく座るメリット

・周囲に誠実な印象を与える

・仕事を任せても安心と思われる

・肩こりや腰痛、頭痛などが予防できる

💡 アドバイス

・態度が大きい印象を与えてしまうので、訪問先では背もたれには寄りかからないように

・ソファに深く腰かけると沈みやすいので、座る場合は浅く腰かけるとよい。そうすることで、上半身の姿勢も安定する

・国際的には、右側が左側より「上」である右上位という原則がある。イスに座る際は左側から座るように心がける

● お辞儀はリズムを意識する

　お辞儀をするときは、**リズム感**が大切です。ステップ１で背筋を伸ばして立ち、ステップ２で相手の目を見て静止して、ステップ３でゆっくりお辞儀をします。

　相手の方が格上だったり、お客様だったりするときは、「頭を起こすのは相手より後」が鉄則です。ステップ４で顔を上げて再び相手の目を見てから、その次の行動に移ります。ステップ３のお辞儀は頭を下げ切って静止したときから１〜２呼吸くらいを目安にすると、相手より早く頭を起こしてしまわずに済みます。

● 分離礼と同時礼を使い分ける

　お辞儀には「**分離礼（語先後礼）**」と「**同時礼**」があります。

　分離礼は先に言葉、後からお辞儀という意味で、「会釈以外は分離礼」と覚えておきましょう。

　同時礼は、言葉とお辞儀が同時のもので略式扱いです。略式扱いですが失礼になるわけではありません。

　分離礼は正式なものですが時間がかかってしまうので、相手が急いでいるシーンでは同時礼にするなど、状況によって使い分けましょう。

● 正しいお辞儀は相手に必ず通じる

　お辞儀は、相手に対する親しみや感謝の気持ち、尊敬の念を表すものです。気持ちが込もっていない形だけのお辞儀は、相手に見破られてしまいます。不慣れで不自然なお辞儀になってしまっても、「きちんと挨拶をしよう」という**誠実な気持ち**があれば、仕草や声からその気持ちが伝わります。

　それは、直接お辞儀をする機会がないオンライン面談などでも同様です。オンラインでお辞儀する場合は、立つと画面から顔が見えなくなるので、座ってお辞儀をしましょう。

3つのお辞儀を使い分ける

15度

30度

45度

会釈	敬礼	最敬礼
入退室や親しい人とすれ違ったときに使う形式的な挨拶	お客様の送迎などに使う、ビジネスでは一般的なお辞儀	お礼や謝罪など、気持ちを表すときに使う

気持ちが伝わらない NG お辞儀

失礼いたしました

ながらお辞儀	何度も頭を下げる
言葉を先に、礼を後にが正解。歩きながらのお辞儀も本来は失礼にあたる	お辞儀は深々と気持ちを込めるのが正解。ペコペコするのは反省していないように見える

Point

☑ お辞儀の前に正しい立ち姿勢を確認
☑ お辞儀3種類の角度の違いを理解する
☑ お辞儀は誠実な気持ちを込めて行う

直行・直帰・退社時の言葉選び

● 直行・直帰の際は上司に許可を得るのが基本

　会社に行かずに直接取引先を訪問することを「**直行**」、訪問先から直接家に帰ることを「**直帰**」といいます。直行や直帰をする際は上司に許可を得るようにしましょう。また、職場に予定表がある場合は、そこに直行や直帰と記入して、ほかの人たちにわかるようにしておきます。帰社時間が遅れる場合は、上司や先輩に連絡しましょう。

● 退社するときは進捗報告と挨拶を欠かさずに

　勤務時間が終わっても**黙って帰るのはマナー違反**です。上司にその日の仕事の進捗報告を行い、翌日の予定を伝えてから退社します。その際は、職場に残っている人に「お疲れさまでした」と挨拶をして帰りましょう。会社に残る人にも帰ることが伝わり、自分宛ての連絡を受けた場合に探す必要もなくなります。退社後に会社から業務確認で連絡があった場合には、その日のうちに対応しましょう。

● 残業を頼まれたときはどうすればいいか

　上司や先輩に残業を頼まれたときは、引き受けると印象もよくなり、残業代もプラスされるので、**可能であれば引き受ける**ようにしましょう。もちろん、無理に残業をする必要はなく、プライベートで用事がある、体調がよくないといった理由で断っても構いません。帰宅後に作業できる環境であれば、「用事を済ませて帰宅した後でよければ自宅で作業できます」と提案してみるのもいいでしょう。

退社時のチェックリスト

☑ 業務の進捗状況
☑ 取引先などから連絡がないか確認
☑ スケジュールチェック
☑ 翌日以降の準備
☑ 手伝えることがないか確認
☑ 机の整理整頓
☑ 業務の進捗状況を上司に報告

退社時の声かけ例

「本日の業務は、予定通り進捗しました。何かお手伝いできることはありますか？」

「本日の業務報告書をメールしました。明日は、9時に○○さんと××で打ち合わせなので、直行いたします」

退社後も職場からの連絡にはなるべく対応する

本人の気持ち

退社したから出なくていいや

上司の気持ち

プライベートは尊重するが、できる限り連絡には対応してほしいなー

Point

☑ 直行、直帰は上司の許可を得る
☑ 退社時は進捗報告と退社の挨拶が大事
☑ 残業はできるだけ引き受ける

「ホウ・レン・ソウ」のやり方

• 「ホウ・レン・ソウ」は組織の基本

社会人として働く際には、**報告・連絡・相談**（略してホウ・レン・ソウ）が大切です。仕事上のさまざまな情報を共有することは、スムーズに仕事を行ううえで不可欠。そのため、組織の一員として情報共有は必須であり、働くうえでのコミュニケーションの基本となります。報告や連絡・相談を怠ったことが原因で大きなトラブルに発展した場合、責任を問われることもあります。

「ホウ・レン・ソウ」に大切な 5W1H

When（いつ）	Where（どこで）	Who（だれが）
期間・期限 頻度・納期	場所・市場 環境・広さ	会社・組織 上司・お客様

What（何を）	Why（なぜ）	How（どのように）
内容・分量 種類・商品	意義・目的 理由・背景	方法・方針 体制・手段

5W1Hを 使った報告例	「来週の月曜日（When）に、○○商事（Where）で私（Who）が、Aサービスについての説明（What）をしてほしいと依頼を受けたので（Why）、研修で習ったように（How）説明します」

• 「5W 1H」を整理したうえで行う

報告・連絡・相談の前に、自分の中でその内容を「**5W1H**」にま

とめておきましょう。行動の主体や、いつ・どうして・どうなったという話が簡潔になり、相手が理解しやすくなるからです。5W1Hという基本的なポイントが押さえられていない報告はまとまりがなく、相手の時間を奪うことにもなり、印象も悪くなってしまいます。慣れないうちは、メモを書いておき見ながら報告するのもおすすめです。

●「ホウ・レン・ソウ」の上手なやり方

報告は、**憶測を省き事実**を伝えます。結論を伝えてから理由を伝えるようにしましょう。連絡は、**連絡事項のみを端的**に伝えます。相手に求められない限り、自分の考えを付け加える必要はありません。相談は、**相談したい内容**やそれに対する**自分の考え**を伝えることが大事です。「どうすればいいですか？」と相手に判断を丸ごと委ねる相談の仕方は、相手の負担になるので自分の考えも用意しましょう。

順番が大切な「ホウ・レン・ソウ」

報告

報告は事実を伝えることが最優先。報告時に質問では遅すぎ、事前に相談を！

NG例

調査に時間がかかり、終わりませんでした。どうしましょう？

「終わらなかった」という事実の報告を先に

連絡

連絡は、事実のみを口頭やメールで確実に伝える。連絡役を頼まれた際は、メモして伝え漏れがないように

社長がとても機嫌がよさそうな様子で、社長室に来るようにといってました

「社長室に来る」という連絡事項のみ伝える

相談

相談は、相談相手の都合を確認し、事実を伝えた後に意見を述べ、質問する

先日の案件、期間を延ばそうと思いますがいいでしょうか？

どの案件か、なぜ期間を延ばすのかを正確に伝え相談

☑ 相談の目的を明確にして、
　相談前に要点をまとめる
☑ 相手の都合を確認する
☑ 相談＝ゴール（解決）ではない
☑ お礼と結果報告は必ず行う

● 「悪い報告はすぐにする」が鉄則

　ミスやトラブルなどの自分にとって都合の悪い報告は「叱られたくない」と、つい後回しにしてしまいがちです。しかし、後回しにしたことで対応が遅れ、事態が深刻化することもあります。**報告が早ければ早いほど**ミスやトラブルを挽回しやすくなるので、悪い報告ほど早く伝える癖をつけましょう。

　テレワーク中にミスやトラブルがあった場合は、すぐに上司や先輩に電話で報告します。メールやチャットでは相手が気づかない場合があります。相手に伝わらなければ報告にはなりませんので、確実に伝えられる手段を事前に相手に確認しておきましょう。

　ビジネスの世界では、ミスをしたことより、報告を後回しにする方が評価を下げることになります。

● 「ホウ・レン・ソウ」に加え「確認」も

　報告・連絡・相談に加え、**「確認」**も欠かせないコミュニケーションです。自分が伝えたつもりでも、相手に正しく伝わっていない可能

性もあります。ミスを防ぐためにも報告・連絡・相談のいずれの場面でも、相手に正しく伝わったかの確認を忘れないようにしてください。しっかりと確認することで勘違いや言い間違えなどが原因のミスが減り、仕事を円滑に進めることができるようになって、周囲からも信頼してもらえるようになります。

● テレワークでも「ホウ・レン・ソウ」

　テレワークでも「ホウ・レン・ソウ」は不可欠です。しかし、職場にいるときと違い、相手の状況がわからないとタイミングが難しいと感じるかもしれません。そんなときはまず、**相手のスケジュールを確認**します。電話よりもチャットツールのほうがよい場合には、まずはチャットで送りましょう。相手がチャットに気づいてないときや、急いだほうがよい場合は、電話で確認するようにします。

テレワークでの
「ホウ・レン・ソウ」のポイント

ほう
報

れん
連

そう
相

事実を最初に、
続けて意見や
感想も伝える

相手が
よく使う
ツールを使う

複雑な内容は
ミーティング
急ぐなら電話

Point
☑ ホウ・レン・ソウは「5W 1H」を意識する
☑ 悪い報告ほど早くするのが鉄則
☑ ホウ・レン・ソウの後の確認を忘れない

正しい指示の受け方

● ハキハキ返事をし、キビキビ動く

入社後しばらくは見習いの立場の新入社員の場合、周囲の信頼や評価を高めるのは「**やる気**」や「**仕事に対する姿勢**」しかありません。何かを頼まれたら明るく元気よく返事をし、機敏に動くことを心がけましょう。また、「指示されたことだけをやる」という姿勢ではなく、「上司や先輩の期待を上回る成果を出す」といった前向きな気持ちで日々の仕事に取り組むと、周囲からも評価されます。

● 指示を受けるときはメモを忘れない

指示を受けるときは、記憶力に自信があっても**メモ**を取りましょう。メモを準備することで「聞く姿勢になっている」という印象を与え、最後に誤りや勘違いがないか復唱すると「きちんと指示を聞いている」と相手を安心させることができます。特にテレワークでは、ほとんどが電話やメールでの簡単な指示になるため、最初に細かい部分まで確認して、何度も連絡しなくて済むようにしましょう。

● メモを取るときのコツは「5W 3 H」

テレワークなどで物理的に距離が離れている場合、何度も連絡するのは難しく、そのため指示内容を一度で把握することが非常に大切です。その際のメモのコツは、5W1Hに「**How much（いくらで）**」「**How many（どのくらい）**」の2Hを加えること。特に数量、時間、人名などは、間違えると大問題になる場合があるのでしっかりと確認します。

5W3Hを活用した9マスメモ

何を (What)	なぜ (Why)	どうやって (How)
A商品の月別売上	類似商品の販売時期を 考えるため	本社のデータベースを 利用

誰が (Who)	指示された内容	いくらで (How much)
私が	資料探し	指示なし

いつ (When)	どこで (Where)	どのくらい (How many)
17時までに	自席で	過去5年分調べる

トラブルを回避するワンランク上の指示の受け方

指示の意図や 理由を考える	指示の意図や理由を考えることで、何を求められているかがわかる。考えながら聞くことで、指示の疑問点も発見しやすくなり、指示の内容や目的を正しく共有できる
自分から積極的に 行動する	指示通りに動くだけでは不十分な場合もある。指示を実行している間に問題や効率的な方法などを発見したら、まずは報告し相談して、判断を仰ぐ
メールでの指示は 速やかに返信する	テレワークの場合は、メールでの指示が多くなる。メールで指示を受けたら、メールを読んだことや理解したことを速やかに報告する。疑問点がある場合は、メールでまとめて質問する

Point
- ☑ ハキハキとした返事、迅速な行動が大事
- ☑ 指示を受けるときは必ずメモを取る
- ☑ 作業を一度で把握するには「5W3H」

ミスをしたときにやるべきこと

謝罪する場合は、①謝罪→②対応策の説明→③経緯の説明→④今後の対策の説明、の順に行う

OK例	NG例
〈謝罪〉 「本当に申し訳ございませんでした」 〈対応策の説明〉 「現在、代わりの商品を手配しております」 〈経緯の説明〉 「取引先への確認が不十分でした」 〈今後の対策の説明〉 「今後は、私と課長の○○の2人で確認を徹底いたします」	「取引先の確認不足が原因で、ご迷惑をおかけいたしました。代わりの商品を手配しております。今後は注意してまいります」 NG例は、謝罪と、今後の対策の説明がない。また、経緯の説明の「取引先の確認不足」は直接の原因かもしれないが言い訳に聞こえてしまう

● ミスをしたらすぐに上司に報告する

　ミスは、どれだけ注意しても起きてしまうものです。そして、ミスをした事実は変えられません。大切なのは、頭を切り替えて**「どう対処するべきか」**を考えて素早く行動することです。その際、最初にすべきなのは上司への報告です。テレワークの場合は、まず上司の予定を確認して、電話などで確実に伝えましょう。相手が気づかない可能性もあるのでメールやチャットでの報告はなるべく避けます。

● 上司に対処法を仰いで解決に動く

　ミスを報告するときは「どのようなミスをしたのか」を**正直に伝え**

て対処法を仰ぎます。経緯は、説明を求められてから話しましょう。このとき、自分なりの対処法を用意できているとベストです。自己判断で処理するのは禁物ですが、対処法を先に考えておくと上司も解決法を考える助けになります。上司が対処法を授けてくれたり、カバーしてくれたりしたときには、必ずお礼の言葉を伝えましょう。

ミスを早急に報告すべき3つの理由

早い段階なら修正できる	ミスは早く対処するほど修正がしやすい。周囲も新入社員はもちろん、仕事にはミスは付き物とフォローしてくれるはず
信頼をよりなくしてしまう	ミスをしても、すぐに報告すれば信頼が上がることもある。しかし、報告しなかったり隠したりすると信頼は絶対に下がり、上がることは絶対にない
だんだんいいづらくなる	ミスは、放置するほど報告しづらくなる。ミスは報告しづらいが、すぐに報告した方が精神的にはかなり楽になる

●ミスの原因を考えて再発防止に努める

　仕事に慣れていない若手社員がミスをするのは、仕方ないことです。会社や上司もたったひとつのミスで評価を下げることはありません。大切なのは、**同じミスを繰り返さない**こと。ミスの原因を理解し、繰り返さないための対策を立て、それを実行することが大切です。ミスをしたことより、「対策を考えることもしない」「決めたことをやらない」ことを繰り返す方が、評価が下がると覚えておきましょう。

Point
☑ ミスはできるだけ早く上司に報告する
☑ 自己判断で解決せず必ず上司に相談する
☑ ミスの原因と対策を考えて繰り返しを防ぐ

注意されるときの姿勢

●注意を受けたときは素直に反省する

　上司や先輩からの注意を「理不尽だ」と思うこともあるかもしれません。特に社会人になりたての頃はカチンと来ることもあるでしょう。しかし、会社は学校などと違い、力不足の社員を雇い続ける理由はありません。上司や先輩は、あなたが会社に必要とされる人材になれるように、**成長を促すために**注意しているのです。その気持ちを理解して、素直に耳を傾けて今後に生かしていきましょう。

注意されたことを無駄にしないためにすべきこと

謝罪する	反論しない	質問する
・謝罪が最優先 ・謝罪の気持ちは言葉にする ・謝罪するときは相手が聞き取りやすいように大きな声で	・注意中に反論しない ・注意されたことはしっかりと受け止める ・状況や原因の説明は相手から理由を問われてからする	・疑問点は質問する ・自分で注意された原因を考える ・注意されたことを生かし成長したいという姿勢を相手に見せる

●注意されたときは姿勢を正して謙虚に聞く

　上司や先輩の注意は、「自分に足りていないもの」を教えてくれているのです。あなたを切り捨てずに注意をしてくれる人には、ふてくされた態度を見せるのではなく、**最大の感謝**をすべきなのです。うっかり繰り返してしまうこともありますが、二度、三度と同じ注意を受

けていると、注意をしてくれなくなるので気をつけましょう。

注意は人格否定ではない

注意は否定ではなく、事実を認識し、改善して成長していくための糧としてほしいと思ってしている

 事実　研修報告の提出を忘れた

▼

原因　提出日をメモしていなかった

▼

改善　提出日をメモするとともに、上司と共有する

新入社員を否定するために注意しているわけではありません。一緒に事実を確認し、原因を考え、改善できるように心がけています

● 叱られても必要以上に落ち込まない

上司や先輩から注意されると、自分が否定されたように感じて自信を失うかもしれません。しかし、人格否定ではなく、業務上の行為に対しての注意でしかありません。そのため、**上司や先輩を怖がったり、避けたりする必要はない**のです。くよくよと悩まずに、業務を行う際の注意点だと受け止めて仕事に取り組みましょう。

しかし、必要以上に厳しい注意をされ、それが何度も繰り返されている場合はパワハラに該当する可能性もありますので、そのような場合は周囲に相談し、アドバイスをもらいましょう。

Point

☑ 素直に相手の注意を受け止めて改善する
☑ 注意を受けるときは謙虚な気持ちで
☑ 注意は人格否定ではないので悩まない

相手の気分を害さない断り方

●断るときこそ相手の気持ちを考えて

どんな誘いであっても、断るときは**相手に対する気遣いが大切**です。「行きません」と一言で断わられたら「言い方があるだろう」と感じるのは誰でも一緒。「行きたいけれど…」という言葉を使うのが気遣いです。その際は、誘ってくれたことに対する感謝の一言も添えましょう。ただし、「時間があれば」などのあいまいな返事をするのはNG。席の準備などで相手を困らせるので、はっきりと伝えましょう。

断るときにも「ありがとう」を！

ありがとう

「ありがとう」を加え、感謝の気持ちを伝えることで、相手に嫌な思いをさせずに断わることができる

○ ありがとうVer

お誘いありがとうございます。まだ仕事が終わらないので、次の機会にお願いします

× すいませんVer

すいません。まだ仕事が終わらないので、次の機会にお願いします

• ときには仕事を断ることも

上司や先輩からの仕事の依頼は、お願いの形であっても業務命令のため、本来は断ってはいけないものです。しかし、新たな仕事を受けるのが難しい場合もあるでしょう。手が回らないことがわかっていながら無理に仕事を引き受けると、ミスをしたり仕事の質が低下したりする場合があります。引き受けるとかえって相手に迷惑をかける可能性もあります。できないときには、**断ることも必要**です。

仕事の断り方

断る必要がある場合は、現状を説明して代替案を提示する

いつならできるか提示	「案件の納期が今週末ですので追加の仕事は難しいです。それ以降であればできます」
一部ならできると提示	「現在、担当している仕事もあるので、すべては難しいですが、A地区への営業ならできます」
代わりの人物を提示	「この仕事内容でしたら、私より○○さんの方が実績があり、先方も喜ばれるでしょう」

• 無理をして飲み会に参加する必要はない

職場がらみの酒席は減りましたが、ゼロになったわけではありません。過去には「無理にでも都合をつける」「参加したら最後まで付き合う」といった古い慣習がありましたが、現在ではなくなりました。断りたいときには、「先約があって」「体調がすぐれない」など**相手を気遣った言葉を使い**つつ、不参加と伝えるのがよいでしょう。

Point 👉
- ☑ 断るときは相手への気遣いを忘れない
- ☑ 相手に配慮した断り方は角が立たない
- ☑ 都合が悪いときははっきり不参加と伝える

仕事を円滑にする
社内コミュニケーション

● 職場では誠実な態度、謙虚な姿勢で

　会社にはさまざまな人が働いています。そのため、上司や先輩はもちろん、同僚と良好な関係を築いているかが、スムーズに仕事を進められるかどうかの鍵となります。そのため、日ごろから挨拶や謙虚な姿勢、相手を不快にさせない言葉遣いなどを心がけ、**好印象を与えておく**ことが大切です。いくら仕事ができても「何だ、あいつは！」と思われるような態度では、信頼してもらうことはできません。

職場の嫌われる NG 行為

人の悪口や噂話をする	悪口や噂話をするだけでなく、そのような話を聞かされても、仕事があるなどの理由をつけ、聞き流す	課長、ケチすぎ
人前で恥をかかせる	同期などと話をすると、気安さから、相手の失敗談や欠点をしゃべりやすい。親しい中でも礼儀は守る	コイツ、怒られて泣いていたんだよ
媚を売る・ウソをつく	気に入られるために、お世辞を頻発したりご機嫌取りをしたりすることは感心されない。もちろん、ウソは言語道断	課長に一生ついていきます

• 上司に敬意を払うことを忘れずに

　厳密な上下関係を尊重する風潮は減っていますが、仕事上での**上下関係はやはり大切**なものです。相手の役職や立場を理解した細やかな気配りや、素直に話を聞く姿勢など、上司や先輩への敬意を持った接し方は、上司や先輩と良好な関係を築き、業務をスムーズに進めるためにも不可欠です。礼儀正しい立ち居振る舞いをしていれば、困ったときにも積極的に力になってくれるでしょう。

• 同僚との接し方は「親しき仲にも礼儀あり」

　同じ部署やチームで働く仲間である同僚は、長く一緒にいると気心も知れて遠慮なく付き合える存在になるものです。しかし、最初のうちは、あくまでも働く場が一緒になっただけの間柄。付き合いが深まるまでは、礼儀正しく接するのが鉄則です。困ったときに**協力し合える関係**でありながら、**刺激し合えるライバル**といった関係を築けるよう、節度をもった態度で接することが大切です。

上手な同僚との付き合い方

助け合う	情報を共有する	金銭の貸し借りをしない
同僚は仲間であり、競争相手でお互いを高め合う存在。サポートやフォローをして助け合う	お互いの成長のためにも、仕事に役立つ情報や、新しく身に付けたスキルなどを積極的に共有する	金銭の貸し借りはトラブルの原因。借りたらすぐ返す。貸した場合はおごった・あげたと考える

こんなときどうする？

外国人との付き合い方	同僚に外国人がいる場合も積極的に挨拶するのはもちろんあらかじめ文化などによる習慣の違いを相手に確認
非正規雇用の人との付き合い方	働き方が多様化した現在では、雇用形態のよし悪しはない。非正規雇用の人でも積極的に仕事を教わる

•コミュニケーションでチーム力強化

　上司や先輩、同僚と親交を深めていくことは、所属する組織のチーム力や団結力を高め、業務をスムーズに進めるために必須といえます。そのためにまず大事なのが、毎日の挨拶など対話を通じてお互いのことを**理解し合う**ことです。コミュニケーションを深めることで連帯感や仲間意識が芽生え、互いに得意分野で相手をサポートしながら業務を効率よく進めることができるようになります。

単純接触効果で距離を縮める

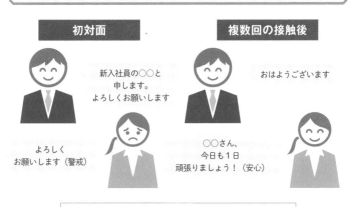

単純接触効果とは、何度も繰り返し接触することで親密度や効果が高まること

初対面

新入社員の○○と
申します。
よろしくお願いします

よろしく
お願いします（警戒）

複数回の接触後

おはようございます

○○さん、
今日も1日
頑張りましょう！（安心）

ビジネスでは朝の挨拶がもっとも簡単な単純接触
直接、接触しなくても、電話やメールでも効果がある

•共通の目的に向かう仲間と認めてもらう

　会社は利益を上げるという同じゴールを目指す個人の集まりです。新入社員であっても会社の利益のために貢献しなければいけません。

そのためには、チーム（上司や先輩など）の一員と認めてもらう必要があります。新入社員としてチームに入り込むためには、まずコミュニケーションを通じて**自分を知ってもらい**、メンバーとして認めてもらう必要があるのです。

● ビジネスで注意する話題

取引先や職場など、ビジネスの場では**避けるべき話題**があります。それは、差別、宗教、学歴、収入などの話題です。自分がいわれて嫌な話題や、人によって考え方が異なる話題は避けるようにしましょう。また、取引先や職場の人と親交を深めることはよいことですが、プライベートとは違います。持ち出した話題に反応が悪い場合は早々に切り上げるなど、相手の気持ちを考えた言動が大切です。

ビジネスの場で NG な話題

宗教	差別や偏見につながりやすい話題なので、公にしたくない人も多い。各宗教の悪口もいわない	**政治**	社会人にはそれぞれの立場や考え方があるので、政党・政治家の批判は避けるのが無難。極端な政治的見解は NG
学歴	コンプレックスを抱いており、敏感に反応する人もいるので注意。特に、自分の学歴自慢はしないように	**家庭**	周囲に気づかせないだけで、悩みを抱えている人が多い話題。自分の家庭の話にとどめるなど、慎重に
収入	極めてデリケートな話題。収入格差が原因で、ねたみやひがみが生じやすいので口にしない	**機密情報**	所属部署や業務内容によっては、社内の人間にも公開できない情報がある。無責任な発言をしないように注意

Point

☑ 上司や同僚への敬意と礼儀を忘れない
☑ 職場では同じ目標を持つ仲間という意識で
☑ ビジネスの場では相手の気持ちを常に気遣う

人間関係のトラブルへの対応法

● 合わない人ともコミュニケーションを試みる

　社会人として働いていると「この人とは合わないな」と思う人にも出会いますが、仕事上、避けられない場合もあります。苦手だと思うのは相手のことを知らないことが原因でもあるので、そんなときは「**あえて積極的にコミュニケーションを取る**」のがおすすめです。相手を知ることでうまく折り合いがつけられるようになったり、気が合う仲間になる可能性もあるからです。

合わない人とコミュニケーションを取るポイント

無理に合わせず質問で返す	知識がない話題を振られると会話が噛み合わず気まずくなりがち。知らない話は無理に自分の感想などをいわず、「〇〇がお好きなんですか？」「〇〇が大変なんですか？」と、相手の "感情" を尋ねる質問にして返す
ニーズを先回りする	何を話せばいいかわからない相手には、相手が「自分に何を求めるか」を想像して、それに応えることを自分から話しかける。例えば上司なら仕事の進捗確認というニーズと仮定して話す。ズレていたとしても気まずくはならない
一言だけでも話す	「よい天気ですね」「お昼は外食ですか」など、話の内容は何でもよいので、Yes・No どちらかで答えられる質問を投げかけ、質問が尽きるまで続ける。相手を無視しなかったという事実が残り、苦手意識も減っていく

● ハラスメントを一人で抱え込むのは禁物

　パワハラ、セクハラといったハラスメントの被害を受けた場合は、

我慢してはいけません。**我慢**しても解決することはなく、やがて心身に不調をきたす恐れがあります。会社は、外部に相談窓口を設置することが法律で義務付けられており、匿名で相談することができます。もし、被害を受けた場合は、日記や録音などで証拠を残しておきます。

● 新たなハラスメント「リモハラ」とは?

リモートワークが普及したことで「リモハラ(リモートハラスメント)」という**新たな**ハラスメントも生まれています。「プライベートに過度な介入をされる」「常にカメラをオンにすることを強要される」「勤務時間外のチャットなどへの反応を求められる」などが該当します。

もし、周囲にハラスメントで悩んでいる人がいたら、話を聞くなど力になってあげましょう。

主なハラスメント

パワハラ
上司や先輩などが優位な立場を利用し、部下に身体的・精神的な苦痛を与えること

セクハラ
性差別的な発言や、髪や肩に触るなどの不要な体への接触などを行い、相手に苦痛を与えること

モラハラ
モラルハラスメントの略。言葉や態度などによる精神的な暴力、無視や仕事の妨害などが該当

エイハラ
エイジハラスメントの略。年齢による差別。若いという理由で接待を指示されるなどが該当

ジェンハラ
ジェンダーハラスメントの略。性別に対する偏った見方から男・女らしさを強要すること

ソーハラ
ソーシャルハラスメントの略。SNSに上司と部下の関係が持ち込まれて苦痛を与えること

Point
- ☑ 合わなそうでもコミュニケーションしてみる
- ☑ パワハラやセクハラを受けたらすぐ相談する
- ☑ ハラスメントと感じたら周囲に聞いてみる

好感度が上がる表情

笑顔のポイント

**顔全体を
リラックスさせる**

人と会う前に顔の筋肉を
動かすようにするとよい

**頬から口角を
上げる**

口角だけ上げようとする
と不自然な笑顔になるの
で、頬から口角を上げる
ことで、顔全体を使った
笑顔になる

**目線は
相手に向ける**

相手に目線を合わせて、
自然とにこりと笑う

目元の力を緩める

目を見開くのではなく、
目尻の筋肉を緩めるよう
にする

**上の歯を見せる
イメージで**

頬から口角を上げたとき
に上の歯が見えるように
意識する

● 好印象を与えるのが信頼を得るコツ

　仕事で取引先の人などと会うときは、「会社の顔」として相手に見られているという意識を持ちましょう。人は第一印象で相手を評価するといわれており、好印象がそのままあなたや会社の評価につながります。そこで新たなビジネスチャンスが生まれることもあります。最近では、取引先との顔合わせがオンラインでモニター越しになることも増えており、**声の明るさ**や**表情の明るさ**が大切になります。

● 笑顔こそ好印象を持ってもらう秘訣

　相手にどんな印象を与えるかで重要なのが「声」や「表情」です。

そのため、取引先などと初めて接するときは、笑顔で明るく挨拶することが非常に大切です。緊張して伏し目がちだと、暗くて自信がなさそうに見えてしまったり、キョロキョロと周囲を見回していると落ち着きがないように見えてしまいます。まずは相手としっかり**目を合わせ、自然な笑顔**で挨拶することを心がけましょう。

• シチュエーションに合った表情をする

無理につくった不自然な笑顔、取り繕った笑顔は逆に相手に不快感を与えかねません。また、笑顔が逆効果になる場合があります。例えば謝るときです。「申し訳ない」という気持ちを伝えなくてはいけません。また、お願いごとの場合には、真剣な表情の方が熱意を伝えることができるでしょう。大切なのは**気持ちを表情で表す**ことです

言葉と表情は一致させる

気持ちを伝えるには、視覚、聴覚、言語が一致していることが大切

お礼の場合	謝罪の場合
笑顔で、優しい声のトーンでお礼をいうと、相手に感謝の気持ちが伝わりやすい	申し訳ない表情で、声のトーンを低くして謝罪すると相手に謝罪の気持ちが伝わりやすい
無表情やふてくされた表情で、早口や小さな声でお礼をいっても伝わらない	笑顔で明るい声や、不満な表情で謝罪しても、謝罪の気持ちが伝わらない

 Point

☑ 第一印象が好印象だと信頼されやすい
☑ 目を合わせて明るく挨拶するのが大事
☑ シーンによって最適な表情は異なる

好感度が上がる話し方

• 人はわかりにくいと不快に感じる

好感度は話し方でも高めることができます。話し方で好感度を高めるには、「話の内容がわかりやすい」「話の間の取り方が適切」「声のトーンが適切」の3点を意識するとよいでしょう。わかりやすさは話す順番などによりますが、間の取り方と声のトーンは「落ち着いてゆっくり、はっきり話す」ことを意識できれば、簡単にできるはずです。

• 話の主題を先にいうと相手に伝わりやすい

わかりやすい話し方の第一歩は、「結論から先に話すこと」です。主題をまず伝えることで、どのような話をされるのかが最初にわかり、余裕をもって続きを聞くことができます。「〜で、〜だから、〜であって」と前置きが長い話し方は、主題を予想できず落ち着かない気持ちにさせてしまいます。また、主題にたどり着くまでに長くかかると、前置きの内容も記憶に残りにくくなります。

• 声のボリュームやトーンも意識する

声のボリューム、トーンなども重要です。びっくりするような大声、ボソボソとしゃべる小声、聞き取れないほどの早口は、それぞれ威嚇、話したくない、誤魔化したい、という気持ちを表していると受け取られかねないのでNG。不快感を与えない話し方は、「相手の話すテンポやスピードに合わせる」というもの。この話し方だと、お互いに心地よく話すことができます。

話し方のポイント

相手との距離感を意識	小さく聞き取りにくい声だけでなく、必要以上に大きな声も相手に不快感を与える
声のトーンとハリを意識	挨拶は高めの声で、謝罪は低めの声でなど場に応じて声のトーンやハリを変えることで相手に気持ちが伝わりやすい
話すスピードを意識	早口になりすぎないように。固有名詞や数字など強調したいことはゆっくり大きな声で話すとよい
間と抑揚を意識	一本調子な話は相手を飽きさせる。抑揚をつけることで相手が話に集中しやすくなる。また、強調したい内容も伝えやすくなる

あごの角度で印象が変わる

あごを2cm以上上げた状態。横柄な印象を与えるので注意する

あごを1〜2cm上げた状態。自信がある印象を与える

あごを上げても、下げてもいない状態。誠実な印象を与える

あごを1〜2cm下げた状態。控え目な印象を与える

あごを2cm以上下げた状態。自信なさげな印象を与える

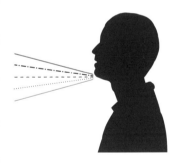

Point

☑ わかりにくいと人は不快に感じる
☑ 結論を先に話すと理解しやすくなる
☑ 話すテンポなどを合わせると心地よい

クローズドクエスチョンと
オープンクエスチョン

　質問は大別すると、「Yes」「No」など回答が限定されるクローズドクエスチョンと、相手が意見なども交えて自由に答えられるオープンクエスチョンに分類されます。

　ビジネスシーンでは、質問に対して Yes か No で返答するクローズドクエスチョンがよく使われます。これは、金額や納期、仕事の手順など、相手に確実に確認する必要のある場合に、あいまいな回答でトラブルに発展しないようにするためです。

　しかし、同僚や先輩などとのコミュニケーションの場合は、「はい」「いいえ」で会話が終わってしまうクローズドクエスチョンはおすすめできません。会話が発展するオープンクエスチョンで話しましょう。職場では、この2つの質問を適切に使い分けることが大事です。

クローズドクエスチョン よく使う例	オープンクエスチョン よく使う例
●〜はできますか？	●〜はどのようなものですか？
●〜で間違いありませんか？	●〜の理由は何ですか？
●〜でよろしいでしょうか？	●〜はどうですか？
●〜はありますか？	●〜のご希望はありますか？
●〜を使いますか？	●〜はどう思いますか？
●〜と〜どちらがよいですか？	●〜はいつですか？

第 3 章

、 日々の積み重ねが大切！ ╱

信頼を得る
行動の基本

周囲はあなたの言動や仕事への取り組みを注視しています。いい加減な態度や自分勝手な行動などをしていては、周囲の信頼は得られません。社会人として周囲から信頼される行動や周囲に配慮した働き方ができるように、常に自分の言動を意識しましょう。

出社と勤務時間中の基本的な振る舞い

● 遅刻は NG！余裕をもって準備を

時間を守ること＝遅刻をしないことは、ビジネスパーソンとして基本中の基本です。遅刻ではないからといって、始業時間ギリギリに出勤するのも、もちろん NG です。日頃から規則正しい生活を心がけ、寝坊して遅刻したり、朝の支度にバタバタして忘れ物をしたりしないよう、余裕をもって起床と出勤準備を行うようにしましょう。毎日の持ち物などはリスト化しておいてチェックするのも有効です。

● 始業時間の 15 分前には出社しよう

始業時間の **15 分前には出社**して、始業時間にスムーズに仕事に取りかかれるように自席のパソコンを立ち上げるなど準備します。また、会議室の机を拭く、コピー機の紙を補充するなど、職場の環境を率先して整えるようにしましょう。その日の予定を始業前に改めて確認しておくのも大切です。上司や先輩にはこちらから積極的に、ハキハキと明るく挨拶しましょう。

● 正しい姿勢で落ち着いて仕事を

勤務時間は仕事に集中することはもちろんですが、常に周囲の目を意識して、**正しい姿勢と落ち着いた振る舞い**を心がけることが必要です。背すじの伸びた美しい姿勢は、周囲に好感され、自分だけではなく部署や会社の印象もよくします。また、正しくない姿勢は腰痛や肩こりの原因になります。体のためにも正しい姿勢を心がけましょう。

出勤時にやるべきこと

挨拶する

15分前には出社し、自分から元気よく挨拶する。後から出勤した上司や先輩にも自分から挨拶する

▼

掃除する

パソコンを立ち上げ、自席や会議室の清掃をする。他人のデスクは許可なく触らないのが基本

▼

備品を確認する

コピー機の用紙やトナー、電球が切れてないかなど仕事を円滑に行える環境が整っているか確認

▼

予定を確認する

その日の予定を確認し必要な書類を用意する。また、上司や先輩に確認しておきたいこともまとめておく

業務中の NG 行動例

スマホを使う

SNSをチェックする

大声で電話する

ずっとお菓子を食べている

私語が多い

自席でメイクをする

Point

☑ 遅刻しないよう余裕をもって準備、持ち物のチェック

☑ 始業の15分前には出社して、仕事の準備を済ませる

☑ 正しい姿勢、落ち着いた所作で仕事に臨む

3-2 効率的な仕事はまず整理整頓から始まる!

仕事を効率化させる机の整理術

● 机の上には必要最低限のものだけ

職場の机は常に**整理整頓**を心がけ、きれいな状態で使うようにしましょう。効率的な仕事をする第一歩は整理整頓から、といっても決して過言ではありません。

そのためにも机の上に置くものは、必要最低限を心がけましょう。もちろん、私物などを置いてはいけません。

● 書類はファイルにまとめておく

書類などは案件ごとに分類して、それぞれ**ファイルなどにまとめる**ようにします。ファイルボックスやブックエンドなどを活用して、現在進行中の案件でよく使うファイルは、すぐ出せるところに置くようにしましょう。社外秘の書類などは絶対に出しっぱなしにせず、カギのかかる引き出しなどに入れるようにします。

● 5S活動で身の回りを清潔に保つ

5S活動とは製品やサービスの質やコストの改善を図る取り組みの一環として、「整理」「整頓」「清掃」「清潔」「しつけ」を徹底することを意味します。この取り組みの5項目は、**身の回りを清潔に保つ**ためにも大切です。まずは、必要なものとそうでないものを区別する整理、必要なものを所定の場所に置く整頓、ゴミや汚れを放置しない清掃を行います。そして、整理・整頓・清掃した状態を徹底し清潔な状態にし、その状態を習慣づけることがしつけです。

整理整頓の5S活動

整理	整頓	清掃	清潔	しつけ
必要なものと不要なものを区別する	必要なものを所定の場所に置く	ゴミや汚れを放置せずに清掃する	整理・整頓・清掃を徹底する	決めたことを習慣づける

整理整頓で得られる主な効果

時間的効果
業務の効率化 ものを探す時間の減少 残業時間の減少

経済的効果
重複買いの防止 スペースの有効利用が可能 タイムパフォーマンスの向上

対外的効果
清潔な印象を持たれる 信頼感の上昇

精神的効果
自己肯定感の上昇 集中力の向上

Point

☑ 机の上には**必要最低限**のものだけ置く
☑ 書類はファイルボックスなどを活用し**分類する**
☑ **5S活動**で身の回りを清潔に保つ

紛失やタイムロスを防ぐ
書類の扱い方

書類探しは時間のムダ

書類探しに１日約20分!!

コクヨ株式会社が2017年に調査したデータによると、書類探しに費やす時間は**1日約20分**、年間に換算すると**80時間**に相当するとのこと。業務を効率的に進めるためにも書類の整理はビジネスパーソンの必須スキルといえる

● 書類を机に積みっぱなしにしない

書類を机の上に積み上げておくのは NG です。必要な書類や社外秘資料などの重要な書類の紛失につながります。仕事のできる人ほど、書類の扱いはスマートです。不要な書類は適時処分します。

　必要な書類はファイルに保管し、使うときだけ出すようにします。ファイルには見出しやラベルをつけ、わかりやすくしておきましょう。

● 書類をデータ化すればかさばらない

　テレワークが浸透しつつある現在、自宅作業を効率的に進めたり自宅に書類を持ち帰る途中での紛失を防いだりするためにも、**書類のデータ化は積極的**に進めた方がよいでしょう。書類のデータ化にはスキャンやスマートフォンでの撮影という手段があります。

　社外秘情報や個人情報を含む書類などはデータ化が禁止されている場合もあるので、事前に上司に確認するようにしましょう。

● 保存の必要な書類は期間を明記

書類の中には、保存が義務づけられ、その期間が決められているものもあります。そのような書類は、しまっておく箱に**保存期間の日付を明記**しておくとわかりやすくなります。保存期間後に処分する場合には、念のために上司に確認してから捨てるようにしましょう。

給与明細や辞令などには保存の義務はありません。年度内はとっておいて、年度が替わったら処分するなどルールを決めておきましょう。

書類整理のおすすめアイテム

クリアファイル

書類が汚れたり折れたりするのを防ぐ必須アイテム。書類とクリアファイルはセットと考える。中の書類が見やすい無地で透明なタイプがおすすめ

個別フォルダー

クリアファイルも増えすぎたら管理しきれなくなる。増えたら、別フォルダーに関連するクリアファイルを入れて保管しておくと書類が探しやすくなる

ファイルボックス

クリアファイルや個別フォルダーの保管場所としておすすめ。机の上に置くだけでなく、横にして机の中に入れるなど用途も広い

書類トレー

その日に使う書類は机の上に置いておく方が取り出ししやすく作業効率がいい。書類トレーは机の上に書類を置くときに便利なアイテム

Point

☑ 書類はファイルに保管し、使うときだけ出す
☑ 書類をデータ化するとテレワークにも便利
☑ 保存の必要な書類は保存期限を明記しておく

社会人として
最低限の連絡・報告事項

● 寝坊した場合は正直に報告を！

　交通機関が遅れてしまった、寝坊してしまったなどの理由により、遅刻してしまうことがあるかもしれません。どのような理由でも始業時間に遅れる場合は**すぐに上司に電話**します。余計な言い訳はせず、なぜ遅れるのか、いつ出社できるのか、対応してもらわないといけない業務などを報告します。体調不良などで早退する場合も、必ず上司に報告し、仕事の引継ぎを行うようにしましょう。

● 親に電話してもらうのは NG ！

　ときには体調不良で会社を休まなければならないこともあるかもしれません。この場合も、すぐ上司に電話します。緊急入院するなどよほどのことがない限り、**体調が悪くても自分で電話**します。親に電話してもらうのは社会人失格、と覚えておきましょう。

　遅刻や欠勤は周りの人の仕事にも大きく影響します。出社したら、上司やフォローしてくれた人などにお礼とお詫びをします。

● 結婚・妊娠・退職も早めに報告

　結婚したら**社会保険の手続き**が必要になるので報告が必要です。妊娠の場合、産休や育休の間の人員確保が必要になる場合があるので早めに上司に報告しましょう。妊娠の報告は安定期に入った 10 週目以降が目安です。退職する場合も、いきなり辞めると周りに迷惑がかかるので、1 ～ 3 か月前には上司に報告しましょう。

遅刻・早退のポイント

遅刻

・SNS での連絡は、相手が気がつかない場合があるので NG

・遅刻の理由と出社できる時間を必ず電話で上司に伝える

・遅くても、始業 10 分前には連絡

○○課長、おはようございます。□□です。車両トラブルで電車が遅れ、まだ△△駅です。9 時 30 分くらいには、会社に着くと思います

早退

・急な体調不良の場合も上司に報告し承諾を得る

・業務の引継ぎを上司と相談し行う

・翌朝に、フォローしてくれた人たちにお礼とお詫びをする

○○課長、申し訳ございません。体調が悪いため、お先に失礼させていただきたいです。☆☆さんに、業務の引継ぎをお願いしようと思います

結婚・妊娠・退職の報告タイミング

	報告内容	タイミング
結婚	・結婚予定日 ・結婚式の有無 ・休暇の予定	・結婚式に招待する場合は 3 ～ 4 か月前 ・人事などの担当部署には入籍後すぐの連絡でも OK
妊娠	・出産予定日 ・産休と育休について ・今後の働き方の希望	・安定期に入ってから
退職	・退職を希望している旨 ・退職日の相談 ・業務の引継ぎの相談	・退職を希望する日の 1 ～ 3 か月前

Point

☑ 遅刻・早退はすぐに上司に報告

☑ 連絡は自分で。親にしてもらうのは社会人失格

☑ 結婚や妊娠も早めに報告、退職は引継ぎをしてから

社会人としての
スケジュール管理術

•「To Do リスト」が役に立つ

　社会人としての仕事の基本は、①決められた期間内に、②ミスをせず、③評価される結果を出す、ということになります。そこで重要になるのが、スケジュールをきちんと管理して仕事に臨むことです。まず、やるべきことをリストアップした「**To Do リスト**」をつくりましょう。そのうえでやるべきことの優先順位を明確にして、その順番に、着実に仕事をこなしていくことが大切です。

スケジュール管理に便利な道具

手帳

直接書くので、記憶に残りやすい。会話中でも手に取り、メモしやすい

スマホ

常に持ち歩く習慣が定着しているので、予定をすぐに入力できる

カレンダー

卓上カレンダーは予定を俯瞰できるため、いつまでに何をすべきかわかりやすい

パソコン

社内でスケジュールの共有がしやすい。スマホと連携できるものが使いやすい

•優先順位を判断するポイントとは

　作業の優先順位を決定するには、それぞれの「**緊急性**」と「**重要性**」

がキーになります。すぐに着手しなければならないこと、難しくて時間のかかりそうなことが「優先度1」に、そしてあまり急がなくてもよいこと、簡単にやれることなどが「優先度4」に来ます。そのうえで、期限を守れるように無理のないスケジュールを組みます。

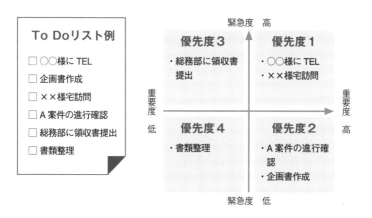

To Do リストでのスケジュール管理

To Doリスト例

☐ ○○様に TEL
☐ 企画書作成
☐ ××様宅訪問
☐ A 案件の進行確認
☐ 総務部に領収書提出
☐ 書類整理

緊急度　高

優先度3
・総務部に領収書提出

優先度1
・○○様に TEL
・××様宅訪問

重要度　低 ←　重要度　→ 重要度　高

優先度4
・書類整理

優先度2
・A 案件の進行確認
・企画書作成

緊急度　低

●「PDCA サイクル」で作業を進める

多くの企業で、仕事の手順として「Plan（計画）」「Do（実行）」「Check（評価）」「Action（改善）」の「**PDCA サイクル**」が重視されています。自動車メーカーのトヨタでは"トヨタ式"と呼ばれる独自の PDCA サイクルで仕事が進められていますが、そこでは P がもっとも重要とされています。期限を守って成果を上げるためには、計画＝スケジュール管理がそれだけ大切ということなのです。

Point

☑ やるべきことを「**To Do リスト**」にまとめておく
☑ 「**緊急性**」と「**重要性**」で優先順位を判断する
☑ 「**PDCA サイクル**」で、期限を守り、成果を上げる

一目置かれる会議のマナー

● 準備が大切。資料は事前に読んでおく

会議やミーティングに参加する際には、**事前にきちんと準備をしておくことが重要です**。議題をよく理解するため、必要な資料はあらかじめ用意して読み込んでおくようにしましょう。新人だからといって、会議の間ずっと黙っているのは NG。意見などを求められたら、発言できるように準備しておきましょう。

● 会議の準備にも積極的に関わろう

会議の資料準備や参加者のスケジュール調整など**会議の事前準備には積極的に関わりましょう**。参加者の都合を社内メールなどを利用して確認、資料の用意や開催日時の調整、会議室使用の申請をして予約するなど、新人でもやれることはたくさんあります。当日は早めに会議室に行き、座席の配置やホワイトボードの準備など会場のセッティングを済ませておきましょう。

● 発言は積極的に、ただし内容を整理する

新人は会議室の**出入り口に近い末席に座って**、何かあったときにはすぐ動けるようにしておきます。ただし、せっかく会議に参加しているからには、意見や質問など、積極的に発言するようにしましょう。ただ、積極的に発言するといっても、他の人の話を遮って発言したり、まとまりなくだらだら話したりするのは禁物です。疑問に思ったことは、そのままにせずタイミングを見計らって質問するようにしましょう。

会議までにしておくこと

会議の目的を理解
何の目的で開催される会議で、どのような内容が話し合われるのかを理解する

会場の確保と連絡
参加者の予定を確認し、会場を確保する。参加者に日時や場所を連絡する

会場準備
机やイス、プロジェクターなどの備品を準備。室温も適切な温度に設定しておく

関連資料を読む
事前に資料に目を通して会議内容を把握して参加する。不明点はあらかじめ上司に質問する

考えをまとめる
会議で発言する場合の内容やアイデアをまとめる。必要があれば資料も準備する

持ち物を確認
資料や筆記用具、メモ帳など、会議で必要となるものを確認。手ぶらでの参加は NG

会議中のポイント

真剣な態度で参加する
会議中はメモを取り、真剣な表情で耳を傾ける。腕を組んだり、頬づえをついたりしないように意識しておく

考えをまとめてから発言する
相手が理解しやすいように、内容をまとめてから発言する。相手の話を遮らないように注意

問題を指摘する場合は解決案も
指摘が多すぎると批判的な印象を相手に与えるので、解決策もセットで話すようにする

新人は出入口付近に座る
出入口付近や、電話の近くに座り、来客や電話対応などを率先して行う

Point
- ☑ 準備が肝心。事前に資料をチェックし情報収集する
- ☑ 会議の手伝いを申し出る。積極的に会議に関わる
- ☑ 意見や質問は積極的に。ただし内容を整理して話す

評価と経験値が上がる
議事録のつくり方

● 議事録係は経験値を上げるチャンス

会議で話し合われた内容をまとめる「議事録」の作成を任されることがあるかもしれません。重圧を感じるかもしれませんが、自分の経験値を上げるまたとないチャンスです。

議事録係だからと、黙って記録だけをしていればよいというものではありません。自分の意見を発言したり、疑問点は質問したりするなど**積極的に会議に参加**しましょう。

● 議事録に必要な項目や内容とは?

議事録には会議の名称・開催日時や場所や参加者・議事録の作成日時と作成者の名前・議題と会議の概要・決定事項や次回に持ち越される課題・次回の開催予定などを記載します。**欠席した人にもわかりやすく、正確にまとめる**ようにしましょう。A4用紙1〜2枚に要点を集約する場合などが多いですが、会社によっては発言をすべて記載する場合もありますので、会社ごとのやり方に従います。

● 議事録の作成は迅速であること

議事録は正確さだけではなく**迅速さも重要**です。遅くとも会議の翌日には回覧・配布できるようにしましょう。迅速に議事録を作成するには会議に積極的に参加しつつ会議の内容をメモすることが大切です。スマホなどで録音し、後で聞き直して文字起こしをしようとすると時間がかかります。録音の確認は最後の手段と心得ましょう。

議事録の書き方

令和〇年□月×日 ● ────── 日付と作成者を入れる
作成者 　△△△△

Cプロジェクトメンバー編成会議 ● ────── 会議内容を端的に表す

日時	令和〇年□月×日（水）本社3階第2会議室
出席者	〇〇企画部長、〇〇営業部長、〇〇営業課長 ● ── 役職も入れる 〇〇営業部主任、営業部〇〇
議題	Cプロジェクトのメンバー編成について ● ── 議題を端的にまとめる
議事	●●●●●●●●●●●●●●●●●●●●● ●●●●●●●●●●●●●●●●●● ● ── 検討された議題を端的にまとめる
決定事項	総責任者は〇〇営業部長とし、 現場指揮は〇〇営業部主任とする
留意事項	予算については、外注費の値上がりが予想さ ● ── 懸念・継続審議・未討議の事案なども記録 れるので後日決定する

議事録作成の注意点

会議中はメモを取る

会議中は必要な事項をメモするに留め、会議に積極的に参加する。会議後、メモをもとに議事録を作成する

議事録は早めに作成する

議事録は会議の記憶が鮮明に残っている当日中に作成する。遅くとも翌日には回覧できるようにする

使い慣れた道具を使用する

普段と違う道具であることが理由で記録ができないという事態を避けるため、使い慣れた道具を使う

ICレコーダーは最終手段※

音声からの文字起こしは録音時間の4倍もの時間が必要となり、時間の浪費に。必要なとき以外は録音に頼らない
※利用の可否は事前に確認しておく

Point

☑ 記録を取りながら、会議自体にも積極的に参加を
☑ 必要な項目を押さえ、わかりやすく正確にまとめる
☑ 迅速さも大切、遅くとも翌日には仕上げておく

3-8 自宅から参加する場合もマナーは大切!

オンライン会議の基本

オンライン会議の準備

参加者への確認	参加者への周知	環境の確認
参加者には日程の調整とともに、Web 会議システムを利用できる環境か確認しておく	参加者に日程や Web 会議システムに接続できる URL、会議資料などを送っておく	インターネットの接続環境やマイク、Web カメラなどに不備がないか確認しておく

環境を周知	背景を確認	身だしなみを確認
会議の内容を録音したり撮影したりする場合はあらかじめ、参加者に周知しておくようにする	相手に不快感を与えない背景か確認する。Zoom などにある機能のバーチャル背景を利用するのもよい	直接会わなくとも、外に出て恥ずかしくないように、髪型や服装などの身だしなみを整えるようにする

• オンラインでも身だしなみは重要!

　オンライン会議だからと、部屋着で参加するのは NG です。最低限、**相手が不快にならない身だしなみ**で参加しましょう。

　また、カメラが正しく作動するかの確認もして、さらに顔がはっきりとカメラ目線で正面から映るのか確認しましょう。必要に応じカメラの高さや部屋や画面の明るさなども調整しておきましょう。

• 雑然とした自室が映らないように

　自宅から参加する場合、背景となる**自室がごちゃごちゃしているのは印象最悪**です。部屋は整理し、家族やペットなどが映り込むことが

ないように注意しておきましょう。Zoom などは背景を変える機能が使えます。できるだけ静かな場所で会議に参加し、必要であればヘッドセットなども活用するといいでしょう。通信速度が遅いと、会議の進捗に支障が出てしまいます。通信環境もあらかじめ整えましょう。

● 発言は一人ずつ、短くはっきりと

オンライン会議では大勢が一度に話すと対面の会議以上に聞き取りづらくなります。会議の参加者はできれば少なめに調整した方がよいでしょう。自分が発言するとき以外はマイクをミュートにしておき、**一人ずつ発言する**のが肝心です。もちろん事前に資料を読み込むなどの準備は通常の会議と同様で、発言内容を整理したうえで、対面の会議以上に短くはっきりと話しましょう。

オンライン会議で利用したい便利グッズ

外付けスピーカー

PC 内臓のマイクに比べて性能がよい。大人数で Web 会議を行う場合には必須アイテム

イヤホン

まだ決定前の交渉内容など、会議の内容を周囲に聞かれたくないときに

モニター

ノート PC の画面では文字が小さい資料は読みにくいので、モニターにつなぐのがおすすめ

ライト

部屋が暗いと相手に悪い印象を与えることも。顔がよく見えるようにライトを置く

Point

☑ オンラインでも身だしなみは大切。カメラ映りも意識
☑ 通信環境を整え、ヘッドセットなども活用する
☑ 発言は一人ずつ、対面の会議以上に短くはっきり話す

気をつけるべき SNS の使い方

● 社会の一員という自覚を持とう

今や誰もが利用している SNS ですが、思わぬトラブルの原因になることもあります。何気なく投稿した動画が拡散されて「炎上」し、罪に問われたり職を失ったりすることも珍しくありません。

投稿などを行う際には、自分が一個人であると同時に**会社の一員であることを自覚**しましょう。投稿する前に、個人情報や会社の重要な情報などが含まれていないかなどは、必ず確認する必要があります。

● 会社の情報などをむやみに投稿しない

SNS に会社関係の投稿をするのは避けるべきです。重要な書類や、パソコンの画面などが投稿した写真に写り込んでいるかもしれません。また、上司や同僚、取引先などへの不満を投稿した内容が相手に見られたら関係が悪くなります。SNS への投稿が原因で重要情報を外部に流失させたり会社の信用を毀損させたりすると、社内の規定違反による処分だけでなく**法的な責任を負う可能性**もあります。

● 会社のパソコンを使っての SNS は厳禁！

仕事中に会社のパソコンから業務に関係ないサイトや SNS を見たり投稿したりするのは、NG です。勤務時間中は業務に集中しましょう。もしもそのような行為が原因で社内のネットワークがウイルスに感染し会社の重要情報が外部に漏れたり、業務進行の妨げになったりすれば、**重い責任を負う**ことになります。

会社で起こりうる SNS トラブル

人間関係の悪化
上司、お客様などがアカウントを知っていて、不平や不満コメントが読まれてしまい、人間関係が悪化したり、業務に支障をきたす場合も

情報の流失
投稿写真に写り込んだ会社の資料なども、拡大すれば鮮明に見えてしまう。重要な情報を流失させた場合、多額の賠償を請求される可能性も

企業のイメージダウン
プロフィールに会社名を記載していると、個人の発信であっても企業の考えを代弁していると、とらえられかねず、会社に対する炎上に発展する可能性も

SNS の不適切な利用で負う責任とは

民事責任
名誉を毀損された被害者と、社会的信用を毀損された勤務先企業の両方から賠償請求される可能性がある

労務責任
情報漏えいや企業の社会的信用を失墜させる行動をした場合は、懲戒解雇などの罰則を受ける対象になる

刑事責任
民事責任に加え、投稿の内容よっては、刑事責任を追及されてしまうケースもある

社会的責任
個人情報と不適切な利用がインターネット上で特定された場合、個人の社会的信用も失墜する

Point
☑ 社会人としての自覚を持ち、投稿の際は確認を
☑ 会社の情報などを投稿するのはトラブルの元凶
☑ 会社のパソコンから SNS などを見るのは厳禁！

テレワークでの働き方

● 自室をオフィス化して効率よく働く

コロナ禍以降、テレワークは当たり前のものになっています。自宅での仕事は気軽に感じるかもしれませんが、仕事は仕事、集中して業務に取り組みます。集中するために**自室をオフィス化**してみましょう。居間のテーブルで仕事をするのではなく、専用のパソコンデスクや座り心地のよいイス、LED デスクライトなどを用意して仕事をしてみましょう。プライベートとの区別がつき集中しやすくなります。

テレワークを快適にするおすすめグッズ

イス	PC台	仕事用机
座面の硬さや座り心地はもちろん、背もたれやひじかけも長時間の作業では必須	目線が下がって肩こりの原因にならないように高さや角度を変えられる台を用意	ノート PC を置いたまま書類を同時に広げられるサイズの机がベスト

仕切り	耳栓	アロマ
プライベート空間と仕切ると仕事に集中できる。Web 会議の背景にも使える	集中力の維持に役立つ。ただし、電話に気づかない場合があるので注意	疲労軽減やストレス解消など香りによってさまざまな効果が見込める

● 規則正しく、メリハリある働き方を

テレワークの場合でも、**規則正しい生活**を心がけるのが、仕事の効

率アップの秘訣です。何時から何時までは作業をして、何時から食事なのか、その日の仕事を何時に終えるのかなど、あらかじめ決めておきます。自宅でもオンとオフをはっきり切り分けるようにして、メリハリのある生活をしましょう。

• ビジネスチャットに必要なマナーとは?

LINE WORKS などのビジネスチャットは便利ですが、使いこなすのは意外と大変です。まず**簡潔さを心がけ、いわゆる「5W1H」を明確**にして、必要な情報がきちんと伝わるようにしましょう。返信は素早く、「お世話になっております」などメールや書面で用いるような挨拶文は必要最小限にします。チャットの利用は業務時間内だけにして、プライベートとしっかり区別しましょう。

ビジネスチャットでも思いやりが大事

OK例	NG例
お疲れさまです。 2点ご報告があります。 ①来週は出社します。 ②A市への出張申請をしましたので、ご確認お願いします。 長文になりまして申し訳ございませんが、よろしくお願いします。	お疲れさまです 🙇 2点ご報告があります。 来週は出社します。 A市への出張申請をしましたので、ご確認お願いします。

★完結できるなら一度で完結させる
★ビジネスの連絡では絵文字を使用しない

Point

☑ テレワークの環境を整え、**自室をオフィス化**してみる
☑ 規則正しい生活で、**メリハリのある働き方**を意識する
☑ ビジネスチャットは**メールと異なるマナー**がある

職場に配慮した
有給休暇の取り方

● 上司には早めに相談して、日程を調整

有給休暇の取得は**労働者に認められた権利**なので、いつ休暇を取得しても問題ありません。ただし、職場への配慮は欠かさないようにしましょう。例えば繁忙期にいきなり休みを取るのは周りの人に迷惑をかけてしまいます。あらかじめ上司に相談し、休んでも業務に支障が出ないように引継ぎなどをしておきましょう。長期休暇の場合は1か月以上前に届け出を済ませるのが望ましいでしょう。

● 自分の仕事は休暇前に済ませておく

休暇前には、仕事を可能な限り済ませておきましょう。自分が休んでいる間に進めなければならない案件は、**先輩や同僚に引継ぎます**。長期休暇の場合は、社内だけでなく取引先などにも休暇を取ることを伝え、その間に担当を引き継ぐのは誰なのか、などを知らせておきます。緊急時に備え、休暇中の連絡先も上司に伝えておきましょう。

● 休暇が明けたら上司や同僚にお礼をいおう

休暇明けの初日は、少し早めに出社して、上司や同僚に休暇を取得したこと、代わって仕事をしてもらったことに対しての**お礼と感謝を伝えましょう**。旅行や帰省をした場合は、お土産を渡すとなおよいでしょう。その後、休暇中の業務状況などを教えてもらい、業務にスムーズに入れるようにします。

休暇前にすべきこと

仕事の引継ぎ

上司の指示に従い、関連資料をまとめ、やるべきことを伝える。必要なら引継ぎ用の資料も作成

取引先に不在を連絡

突然の担当者不在で取引先が不安にならないように、休暇を取る旨と休暇中の担当者を伝える

連絡先を伝える

休暇中の連絡先を伝えておく。休暇中も社員としての意識を持ち、会社からの連絡には対応する

休暇申請の提出

社内規定に従い休暇申請を提出する。上司に口頭で伝えるだけでは人事部が勤怠管理できないので NG

主な休暇

法廷休暇	年次有給休暇	6か月間継続して全労働日の8割以上出勤した際に付与される休暇。最低10日間習得できる
	介護休暇	要介護状態の家族を介護するために習得できる休暇
	産前産後休暇	産前6週間、産後8週間の休暇。有給か無給かは企業により異なる
	育児休業	子を養育する義務のある労働者が、子どもが1歳になるまで取得できる休暇。育児休暇は企業の努力義務
	生理休暇	生理日に仕事が困難な場合に取得できる休暇。有給か無給かは企業により異なる
特別休暇	弔慶休暇	社員やその近親者の慶事や弔事に対する休暇
	リフレッシュ休暇	企業が独自に定める休暇で、勤続年数を条件にしている場合が多い

Point

☑ 休暇は早めに上司に相談して、日程を調整
☑ 仕事は休暇前に済ませ、必要なら引継ぎを
☑ 休暇明けは周囲にお礼を。お土産を渡すのもよい

マナーの力で プレゼンを成功させる

　プレゼンというと身構えてしまうかもしれませんが、営業で自社の製品やサービスを説明したり、外部への仕事依頼の際に自分の考えや希望を説明したりすることもプレゼンといえます。つまり、社会人になれば誰にでもプレゼンをする機会は訪れるのです。

　誰かに何かを伝えるためには、相手への気遣いやコミュニケーションが大切です。ただ話すだけでは自分の考えや想いは伝わりません。話が理解できているかなど相手の様子を見て、必要に応じてひと息ついたり、「どうですか？」と質問するなど、相手への気遣いが大切です。プレゼンは、読みやすい資料を用意したり、相手に嫌悪感を抱かせないための身だしなみといったマナーを守って、よいコミュニケーションをとろうとする姿勢がなくては、成功させることはできません。

相手へのマナー	相手への気遣い
●わかりやすい資料を用意	●資料ではなく 相手の目を見て話す
●説明は簡潔にわかりやすく	●考えたり・休める時間を 準備する
●一方的に話すのではなく 質問しやすい会話の流れ	●相手が理解できているか 確認する
●信頼感を得られる 身だしなみで臨む	●ボディランゲージで 相手を飽きさせない
●時間を割いてもらっている ことに感謝をする	

第 4 章

1本の電話が
＼ 会社の評判を左右する！ ／

電話対応の基本

メールなら、送信前に文面を確認し相手に失礼がないように万全を期すことができますが、電話の場合は、一度口にしてしまったら取り消すことができません。一本の電話で会社の命運が決まることもあり得ます。電話対応の基本を身につけ会社に貢献していきましょう。

電話対応の心構え

電話対応を得意にするためのポイント

| 第一声は
高めのトーンで | 第一声を高めのトーンで発声すると、快活で明るい印象を相手に与えることができる |

| ペンとメモ帳を
用意 | ペンとメモ帳が手元にあることで、電話内容をメモできるという安心感が得られる |

| 笑顔と声は
セット | 電話口でも相手に感情は伝わる。笑顔で電話対応することで自然と明るい声になる |

• 電話は誰もが「会社代表」になる社会との接点

会社にはさまざまな要求を持つ人から電話が入ります。電話をかけてきた相手にとって、**あなたが会社の代表**と受け取られます。だからといって、過度に恐れたり緊張したりする必要はありません。まずは親切、丁寧に電話を受けること。誠実な態度は不思議と受話器の向こうへも伝わります。最低限、会社の印象を悪くしないことを目標に、好印象を持ってもらえたら大成功と考えてみましょう。

• ゆっくり、ハッキリ、丁寧に対応

電話では音声だけが頼りです。普段のお喋りとは違い、聞き取りやすい発声やゆっくり、ハッキリとした発音を心がけましょう。聞き取

りやすい電話は**相手に安心感を与え**ます。また、姿は見えませんが、電話中の姿勢や表情は声を通して相手に伝わります。よい姿勢で、笑顔で話すことはすぐにでもできる効果的な方法です。電話中に手鏡などで表情をチェックしてみるのもよいでしょう。

• 2～3コールで取るのがスマート

　一般的に**3コール以内に受話器を上げることがマナー**とされています。2コールの間に、メモやペンの用意などをして電話に出る準備を整えましょう。また、電話でも相手に感情が伝わるので、適度にリラックスした状態で電話に出るようにしましょう。万が一、5コール以上待たせてしまった場合は「大変お待たせしてしまい申し訳ございません。○○会社でございます」とお詫びの言葉から始めます。

電話を積極的に取りたい6つの理由

すぐにできる仕事	業務への理解が進む	マナーが身に付く
電話対応はほとんどが担当者に取り次ぐだけ。新人でもすぐにできて感謝される	取り次ぐときに相手から用件を聞くので自分の部署の業務への理解が深まる	使い慣れていなかった敬語が自然に身に付きコミュニケーション能力が高まる

チャンスにつながる	仕事が円滑になる	信頼を得られる
担当者がいない新規案件の受付をする可能性があり、大きなチャンスにつながる	急ぎの電話への対応に慣れることで素早く対応するコツをつかめるようになる	電話対応という基本ができていることで信頼度が上がり、他の仕事を任されることも

Point
☑ 電話対応は会社の印象を一瞬で決める重大な業務
☑ 電話機を通して聞こえやすい発声や発音を心がける
☑ 受話器は2～3コール以内に取る

電話で注意すべき言葉遣い

● 第一声は「お電話ありがとうございます」

社外の電話を受ける場合、相手がわからない場合がほとんどです。その際は「お電話ありがとうございます。○○会社でございます」など、**電話をかけてきてくれたことを労う言葉**から始めると好印象です。内線電話の場合は「はい、○○です。お疲れ様です」など、相手を気遣うフレーズを入れることで、円滑に会話を始めることができます。

● 定型フレーズを暗記し電話対応に集中する

お客様から上司宛の電話を取った場合など、敬語を使うことに気を取られ、間違った言葉遣いになってしまうことも。テレワーク中などで直ちに転送できないときなどは特に注意が必要です。お客様の名前の復唱は「○○様でいらっしゃいますね」、コールバックは「△△より、○○様へお電話差し上げるよう申し伝えます」など、**定型フレーズを丸暗記**してスマートな対応を目指しましょう。

● 丁寧なつもりが実は NG な言い回しに要注意

相手の声が聞こえにくい、担当者が休んでいるなどの**イレギュラーな場面**では誤った対応や敬語表現になってしまうことがよく起こります。このような場合「お電話が少々遠いようですので、もう一度お願いいたします」「○○は本日休みを取っております」など冷静に対応しましょう。電話をかけた側が伝言を依頼するのはマナー違反なので「差支えなければご伝言承ります」と申し出る配慮も必要です。

電話対応のよくある NG な言葉遣い

名前を尋ねる場合　**NG例**　お名前を頂けますか・お名前を頂戴できますか

NG理由　「頂く」「頂戴する」は「名前を貰えますか」という意味になる。名前は貰うものではないので、日本語として正しくない

➡️お名前をうかがってもよろしいでしょうか

- -

取り次ぐ場合　**NG例**　担当者に電話をおまわしします

NG理由　「まわす」という表現は、相手に「たらいまわし」を連想させてしまい、粗末に扱われているという印象を持たれてしまう

➡️担当者におつなぎいたします

- -

聞き直す場合　**NG例**　もう少しゆっくりお話しいただけますでしょうか／お声が遠いようですので、もう一度おっしゃっていただけますか

NG理由　電話が聞き取りにくい原因を相手のせいにするような表現は NG

➡️恐れ入りますが、もう一度おっしゃっていただけますか
　お電話が遠いようでございますので、もう一度おっしゃっていただけますか

- -

伝言する旨を伝える場合　**NG例**　課長にお伝えします

NG理由　「お伝えします」は課長（社内）に対しての敬語表現になっている。電話相手に対しての敬語表現としては「申し伝えます」が正しい

➡️課長に申し伝えます

> 丁寧に対応しようとして敬語表現を間違えることは
> 経験が浅いうちはやりがちなので注意

Point

☑ **相手を気遣う言葉**から電話をはじめる
☑ 敬語も「よくあるフレーズ」で覚えておく
☑ **社内は身内！敬語表現に注意**

電話を受けるときの基本の流れ

● メモの準備をしてから受話器を上げる

　明るく聞き取りやすい声で「お電話ありがとうございます」といったあと一拍おき、社名をいいます。電話を取る段階でメモが取れる体勢にしておくと、そのあと伝言を頼まれても焦らずに済みます。慣れないうちは、確認事項が書かれた電話対応用のメモ帳を活用するのもよいでしょう。内線電話の簡易マニュアルなど、いざというとき**必要なものを手元にそろえる**だけでも気持ちが落ち着きミスを減らせます。

● 電話対応は数をこなすことで上達する

　最初に電話対応する場合、「担当者に取り次ぐ」または「伝言を受ける」というケースが多いでしょう。数をこなしていくことで適切な対応ができるようになります。取引先がテレワーク勤務の場合も想定し「念のためお電話番号を教えてくださいますと幸いです」と確認するなど**少しの気遣い**が電話対応では大切です、

● 電話対応は相手に伝言するまで続く

　伝言を受けた場合は**確実に相手に伝えなければなりません**。伝言メモを作成し確実に相手に伝えましょう。伝言メモには電話を受けた日時、相手の社名、部署名、氏名、用件、折り返しの電話番号（など連絡方法の指定）、電話を受けた人の氏名などを漏れなく記載すること。伝言メモのほか、メールや社内連絡用ツールなど、確実に伝わるツールを使用しましょう。

電話対応の基本パターン

電話に出るとき

お電話ありがとうございます。○○会社営業課××でございます

「お電話ありがとうございます」といい、社名や所属、名前を名乗る。取るまでに3コール以上かかった場合は「お持たせいたしました」などお詫びの言葉を添える

相手の名前を確認するとき

○○社の△△様でいらっしゃいますね。いつもお世話になっております

普段からやり取りしている相手なら復唱せずに挨拶から入る。「ございますね」は社内の人間に対して使う言葉なので電話対応で使うのはNG

担当者を名指しされたとき

□□に代わりますので少々お待ちください

電話対応では、社内の人間に対して名前の後ろに役職名や「さん」付けはしない

相手の用件を聞いたとき

復唱させていただきます

聞き間違いがないか、相手に確認するためにも必ず復唱する。特に、日時・場所・電話番号・固有名詞の間違いがないか注意

自分では対処できないとき

私ではわかりかねますので、担当者と代わります。少々お時間いただきますがよろしいでしょうか

30秒以上保留にしない。時間がかかる場合は相手にその旨を伝え、どうするか相手に確認する。長時間かかるようなら何時ごろに折り返し電話できるか目安を伝える

電話を切るとき

お電話ありがとうございました。失礼いたします

先に電話を切らない。相手が電話を切ったのを確認してから、受話器を優しく置く

Point

☑ メモを取る前提で電話を受ける
☑ 必要な情報を確実に届く手段で伝える努力を
☑ 伝言が完了するまでが電話対応

知っておきたい電話の受け方・取り次ぎ方（内線・外線）

● 誰からの電話でも対応の基本は同じ

　企業の電話は、会社の窓口としての「代表電話」、各部署や担当者に直接つながる「直通電話」（以上が外線電話）と、社内だけで使用する内線電話の3種類に分けられます。電話の相手が社外のお客様でも、社内の他部署の人でも、基本は全く同じです。**親切、丁寧、確実**に電話や伝言を引き渡します。

● 確認は聞き違いや勘違いしない方法で

　電話にまつわるトラブルで多いのが「**聞き違い・勘違い**」です。例えば「明々後日の13時にいつもの場所で」と伝言を頼まれた場合。「○月○日◇曜日、午後1時に、本社3階のA会議室」でよろしいでしょうか、と誰が聞いても勘違いの起こりにくい表現で確認しましょう。特に「○日後」の場合は暦日か営業日かで日付が変わる場合があるので注意が必要です。

● もう一段階気を回して代案の提示も（社内）

　名指し人の不在時間が数時間の場合でも緊急でない限り折り返し連絡で問題ないことが多いでしょう。しかし、トラブルの対応など緊急を要する場合などは、名指し人が戻ってからの折り返しでは不十分な場合もあります。**相手に状況をよく確認して**、別の担当者へつなぐことを提案する、外出先の担当者へ連絡を入れるなど、臨機応変に一段階踏み込んだ対応が求められる場合もあります。

取り次ぎができない場合の対応

| 1 | 担当者に取り次ぎができないことをお詫びする |

▼

| 2 | なぜ取り次ぎできないかの理由を伝える |

▼

| 3 | 担当者に連絡が付く日時と相手の意向を確認する |

対応例
「申し訳ございません。あいにく○○は外出しております。○時には戻る予定となっております。よろしければ、戻り次第こちらからお電話いたしましょうか」

注意点
・詳しい外出先など、業務内容に関わることまでは伝えない
・担当者の帰社が遅れる場合は必ず折り返し電話し、その旨を伝える
・相手から急いで担当者に連絡を取りたいと依頼されても、担当者の許可を得ずに担当者個人の携帯番号を教えない。そのような場合は、自分が担当者に連絡を試みる旨を伝える

代表電話・内線電話への対応

代表電話
お客様が企業に用件があるときにかける電話番号。担当部署がわからない場合や、初めて電話する場合が多く、会社の印象として残りやすいので、明るく丁寧な対応をしたい

内線電話
社内のやり取り専用の電話。「お疲れ様です」の一言も社内コミュニケーションとして大切。内線電話では、社内の人間の名前の後ろには役職名や「さん」付けをすることもある

Point
☑ 会社や部署の代表のつもりで電話を取る
☑ 確認方法の工夫で聞き間違いは減らせる
☑ 特に社内は一歩踏み込んだ対応を

📱 4-5 電話があったことを伝えるまでがミッション

伝言メモは正確に記録し、確実に渡す

● 伝言はわかりやすく伝える

　伝言は「誰から」「いつ」「どのような用件で」電話がかかってきたのかなどを伝えるものです。伝える際は、**相手がわかりやすいように簡潔にまとめる**必要があります。社内でIT ツールの利用が推奨される場合はそのルールに従います。メモを受け取った人がすぐに相手への折り返しができるように、折り返し先の電話番号や電話してもよい時間帯などを聞いておくことも重要です。

伝言メモの書き方の例

誰宛てなのかを明記する → □□課長へ

相手の社名と名前は必ずセットで → A社の●●営業部長よりお電話がありました。Zシステムの合同開発についての打ち合わせのため、日程の相談をしたいとのことです。16時以降にお電話いただきたいとのことでした。

折り返しの場合は先方の電話番号を付け加える → TEL：○○-○○○○-○○○○

○月×日△時☆分 ← 電話を受けた日時を記入

用件は簡潔に。数字や固有名詞などは間違いがないように電話口で必ず復唱して確認する

▲▲▲▲ ← 自分の名前

●「ちゃんと伝えてくれる」安心感も重要

　特にメモ用紙などで伝言する場合、**確実に読んでもらえる工夫**が欠

かせません。オフィスであれば、目立つ色のメモ用紙をキーボードに立てる、ディスプレイの枠に付せんで貼るなど。さらに念押しで「伝言メモを置きました」「ご連絡いただけましたか？」など声をかけることも大切です。お客様が「本当に伝わっているだろうか？」と心配しないようにとの配慮が信頼につながります。

伝言メモは確実に渡す

置き場所や置き方を工夫

机に置くだけでは、相手が見逃してしまったり、空調の風で机から落ちてしまう可能性がある。伝言相手が必ず業務で利用するパソコンにメモをテープで貼り付けたり、クリップで固定する、風で飛ばないように重しで押さえるなど工夫する

口頭でも伝える

伝言メモを置いて安心せず、相手を見かけたらメモを残したことを伝える。伝言メモの内容を口頭で伝えて、詳細はメモを確認するように伝えるとなおよい

● テレワークでは伝言にも一工夫を

オフィスでは誰がいて、誰が忙しいか、電話での問い合わせが急に増えたなどの状況をメンバー全員が自然に知ることができます。しかし、テレワークやフリーアドレスオフィスでは、全体の業務状況が**見えにくくなる**デメリットがあります。電話や伝言があったことをグループメールやチーム内のツールで共有するなど工夫が必要です。

Point

☑ 伝言は相手がわかりやすいように簡潔に
☑ 伝言メモを渡すだけでなく、直接伝えることも大切
☑ テレワークでは電話メモの共有が必要になることも

電話のかけ方の基本

• 相手に伝えるべきことは事前に整理

　ビジネスでの電話は「**早く伝えること**」や「**確実に伝えること**」「**双方が納得すること**」が重要です。こちらから電話する際は、相手の時間に割り込んでいることを意識して、効率よく正確な内容を話せるよう準備しておきます。また、相手が出た際には「今、お話ししてもよろしいでしょうか?」と相手の状況を確認して、場合によってはかけ直すことも必要です。

電話をかける前に 5 W1H をチェック

When (いつ)	Where (どこで)	Who (だれが)
・電話する時間帯 ・打ち合わせなどの日程を話す場合は事前にスケジュールを確認	・電話をかける場所として適しているか ・待ち合わせ場所を伝える場合は事前に確認	・相手の電話番号や名前の読み方、役職、会社名などを事前に確認

What (何を)	Why (なぜ)	How (どのように)
・電話で話す内容を事前にまとめる ・資料を見ながら話す場合は事前に用意	・電話する理由を再度確認	・仕事の進め方や、相手にしてほしいことを事前にまとめる

• 「タイミング」は相手の状況も想像する

　相手のことを気遣い、緊急時以外は始業直後や昼休み、終業時刻

の直前に電話をするのはできるだけ避けます。用件や時間帯によってはメールで連絡し、相手の返信がない場合などに電話をするなどしましょう。緊急の用件で相手が対応できない場合は、いつ頃電話してもいいか確認したり、代わりに対応できる人に取り次いでもらったりするなど、そのときの状況により判断しましょう。

電話とメールを使い分ける

電話

・返事がすぐにほしいとき
・込み入った話をするとき
・メールでは文面が長くなり、相手に伝わりにくいとき

メール

・日程や場所、固有名詞などを確実に伝えたいとき
・資料を送りたいとき
・履歴を残したいとき

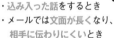

両方

・資料や請求書などをすぐに確認してもらいたいとき
　➡メールを送った後に電話をして確認を依頼
・電話で決まった重要事項を共有したいとき
　➡電話が終わった後に確認メールを送付して、電話で話した内容と齟齬がないか確認

● 紛らわしい発音にはこんな工夫を

　電話は**直接会話するよりも聞き間違いが増え**ます。午後5時のつもりで「じゅうしちじ」といったところ、相手は「じゅういちじ（午前11時）」と思うなどはよくある行き違いです。このようなトラブルを減らすため、「午後」と明示したり、Dを「デー」、Tを「テー」と発音したりするなどの工夫が必要です。

Point

☑ 電話をかける前に話を整理し、資料も準備しておく
☑ 電話をかける時間帯に要注意！
☑ 相手に聞き間違いをさせない工夫を

電話中の流れ

•「いつもお世話になっております」でスムーズに

電話をかけ、相手が会社名を名乗った後「いつもお世話になっております。○○会社の□□です」と少しゆっくり、はっきりと名乗ります。話したい相手の部署と名前を伝え、取り次ぎをお願いします。受話器から保留音が聞こえていても、こちらの声がそのまま届いている場合もあるため、**気を抜かない**こと。名指し人が出たら、改めて「いつもお世話になっております。」から名乗り始めます。

• 短時間で確実に伝える工夫をする

名指し人に電話を続けて問題はないかを確認し、大丈夫であれば、どのような用件で、何分くらい話したいかを簡潔に伝えます。込み入った内容は事前にメールを送り、共通の資料を見ながら話すなどの工夫も必要です。**相手が忙しそうな場合**は、「かけ直しますので、ご都合のよい時間帯を教えていただけますか」と質問しましょう。

• 電話が切れても不在でも「こちらから」かけ直す

用件を話したら、**電話をかけた方から最後の挨拶を切り出します**。「お忙しいところ、ありがとうございました」と挨拶をしたら、あなたから、電話を切ります。名指し人が不在や相手側の転送ミスで電話が切れるなどのアクシデントのときは、こちらからかけ直すのが基本です。かけ直すタイミングを聞くのは問題ありませんが、折り返しの依頼をするのは避けましょう。

電話をかけた後の流れの例

STEP 1

A社の○○と申します。
いつもお世話になっております

聞き取りやすい**声の高さとスピード**で、**社名と名前**を伝える。**挨拶**も忘れずに

▼

STEP 2

恐れ入りますが、
△△課主任の□□様へ
お取り次ぎ願えますか

クッション言葉を添え、話したい相手のことを**役職名＋名前＋敬称**で伝える。用件を聞かれたら「○○の件でお電話差し上げました」と答える

▼

STEP 3

A社の○○です。
いつもお世話になっております。
今、お時間よろしいでしょうか

話したい相手が電話口に出たら、**社名と名前**を改めて伝える。相手の**都合も確認する**

▼

STEP 4

ありがとうございました。
失礼いたします

電話は**かけた方から切る**のが基本。挨拶を終えた後に少し**間**を置いて、受話器を**優しく置く**

💡 アドバイス

・電話を切る際は**指でフックを押さえて**切り、「ガチャン」という音を防止する

・相手が**お客様**や**目上の人**の場合は、相手が電話を切るのを**待つほうがよい**

話したい相手が不在の場合

・急ぎならその旨を伝え、**用件**と、**いつまでに**連絡が必要か伝える。必要があれば自分の携帯電話も伝える

・急ぎでない場合は、**再度かけ直す**旨とかけ直す時間を伝える

Point 👇
☑「**いつもお世話になっております**」で電話モードに
☑ **用件だけを手短かに伝え、詳細はメールなど**を活用
☑ 相手が不在のときは**こちらからかけ直す**のがマナー

クレーム電話対応の基本

クレーム対応の流れ

謝罪 ▶ **確認** ▶ **提案** ▶ **感謝**

謝罪	確認	提案	感謝
不快な思いをさせたことに対してまずは謝罪の言葉を伝える	相手の状況や、相手が何を求めているのかを正確に把握する	解決案を提案する。折り返し電話も解決するための提案のひとつ	最後に改めて謝罪をし、相手からの指摘に対しての感謝の意も伝える

● まずは不愉快な気持ちにさせたお詫びを

クレーム対応の基本は**相手の言葉を認めること**です。第一歩として、「不愉快な気持ちにさせてしまったこと」を謝罪します。これはクレームの内容に関わらず、現状を受け取りお客様の話を聞く姿勢があることを示すものです。ただその際、内容を確認せずに自社に責任があると受け取られるような発言にならないように注意します。冷静で落ち着いた対応が、平和的な解決につながります。

● クレーム内容を具体的に確認し対応を提案

購入後まもなく故障した、注文と違うものが届いたなど、クレームの原因となった事柄を具体的に確認します。「すぐに」や「おかしい」など漠然としたイメージではなく、「開封後3日で」や「電源ボタン

を押してもランプが光らない」など数字で表せるものは意識して確認します。そのうえで、交換、返品の希望なのか、機能改善の要望なのかなどを確認します。

● 納得してもらえないときは上司に相談

個人の判断では対応できない要求をされたり、「社長を出せ！」と高圧的にいわれたりといった場合は、**上司に相談**しましょう。「申し訳ございません。上司と相談のうえ、改めてご連絡差し上げたいのですが」と、クッション言葉を用いて一度間を置くことも有効な問題解決の手段です。不当な要求をされた場合、電話をかけ直すために必要な名前や電話番号の確認をすることが相手を冷静にさせ問題を一歩解決させることもあります。

クレーム電話対応での NG 例

D言葉	ローマ字の「D」から始まる「でも」「だって」「どうせ」は、相手を否定している印象を与えるので NG
話をさえぎる	話を途中でさえぎる行為は相手の感情を刺激するので、内容はどんなことでも、まず最後まで相手の話を聞く
長時間待たせる	内容確認などで対応に時間がかかる場合は、折り返し連絡することを提案する。留保で長時間待たせるのは NG
あいまいな言葉	「おそらく」「〜だと思います」などのあいまいな言葉は NG。できる・できない・確認するなど、明確な言葉で伝える

Point
- ☑ 冒頭のお詫びは「**不快な気持ち**」に対しての謝罪
- ☑ **相手の要望**を確認する
- ☑ クレームは**一人で解決しようとしなくて大丈夫**

注意が必要な電話への対応法

• 間違い電話がかかってきたとき

　間違い電話を受けた場合は「こちらは○○会社でございます。お電話番号 XXX-XXXX へいただいておりますが、お間違えではないでしょうか」と返します。電話の相手が**将来顧客になる可能性**がありますので、丁寧、親切に対応しましょう。社名や電話番号が似た会社がある場合、「○○会社様とお間違いになられる方もございますが、いかがでしょうか」と確認することも親切で好印象につながります。

• 相手が名乗らない場合

　名前を聞くことは失礼に当たりません。得意先のような雰囲気で「私だが」などといわれた場合は、「申し訳ございません。お名前をお聞きしないとお取り次ぎできないことになっております。ご了承ください」と伝えます。クレームの電話では名乗らないことが多いので、まずは相手の名前と話を聞きその後の対応を考えます。

• 業務に関係ない電話への対応

　いたずら電話や営業電話などがかかってきた場合、まずは「業務中ですので失礼いたします」と**冷静に対応**します。しつこくかかってくる場合でも受話器を静かに置くなど、暴言や失礼な態度は厳禁です。直通番号へ次々とかかってくる場合や、同じ相手から繰り返しいたずら電話がかかる場合は上司や他の社員に代わってもらう、上司と相談し、その番号からの電話を着信拒否にするなどの対応も可能です。

いろいろな電話への対応例

間違い電話

こちらは○○会社でございます

明かな間違い電話をかけてきている相手にも、間違いを気付かせるためにも社名を名乗る

途中で電話が切れた場合

電話が切れてしまい
申し訳ございません

電話が途中で切れた場合、理由はどうあれ電話をかけた方がかけ直すのが原則。相手がお客様の場合はこちらから積極的にかけ直すことも大切

セールス電話の場合

申し訳ございません。
現在□□の予定はございません

セールス電話は、その場で断るのが原則。社名を名乗らなかったり、担当者の名前を知らずに役職名で取り次いでもらおうとする場合は、セールス電話の可能性が高い

社員の家族からの電話の場合

いつもお世話になっております。
△△課長にお取り次ぎいたしますので、しばらくお待ちください

社外からの電話で社員のことを話す場合は謙譲語で呼び捨てにするが、社員の家族からの場合は、尊敬語や丁寧語を使って話す

アドバイス

社員の身内と思われる相手であっても「奥さまですか」など、社員との関係を問いただすような聞き方は、ぶしつけな印象を与えてしまうので NG

Point

☑ 会社の対応と割り切り対応するのも大切
☑ どんな電話にも丁寧に対応して損になることはない
☑ どんな場合も冷静さが武器となる

ワンランク上の電話対応術

● 型+呼びかけと相づちで安心感を増幅

　ビジネスでの電話はビジネス文書と同様に型があり、**基本を押さえれば難しいものではありません**。「いつもお世話になっております」をスイッチにビジネスモードに入ったら、時々呼びかけと相づちをプラスすると、相手に特別感を与えることができます。会社名に「様」をつけることで親近感が増し、適度な相づちが「話を聞いてもらっている」という安心感につながります。

● 簡潔にまとめて語尾まではっきり声に出す

　用件を簡潔かつ正確に伝えるのはビジネス電話の基本です。日本語には「結論は最後に持ってくる」という特徴があるため、意識的に語尾をはっきり発音するよう日頃から注意しましょう。きっちりと伝えることはマナー以前に、仕事上の誤解を生じさせないための基本です。これは、電話に限らず、対面でも同じことがいえます。例えいいにくい話であっても、語尾の最後まではっきりと声を出しましょう。

● 相手に「話しやすい相手」と思われる

　相手の声が少し高いトーンで話すテンポが速いなら、こちらも心持ち声を高めに話し、テンポも速めにする。相手がお年寄りの場合、いつもよりゆっくりと話すなど、相手の事情や状況を察知し、トーンやペースを合わせていきましょう。相手の**トーンやペースに合わせることで、話しやすい相手だと、好感を持ってもらえる**でしょう。

クッション言葉で相手を気遣う

尋ねる場合

「よろしければ」
「お尋ねしたいのですが」
「ご迷惑でなければ」
「差し支えなければ」

依頼する場合

「お手数をおかけしますが」
「恐れ入りますが」
「ご足労をおかけしますが」
「可能であれば」

断る場合

「申し訳ございませんが」
「あいにくですが」
「誠に申し上げにくいのですが」
「大変ありがたいのですが」

説明・報告する場合

「おかげさまで」
「誠に勝手ながら」
「ご心配かもしれませんが」
「お話し中、大変恐縮ですが」

ワンランク上の電話対応テクニック

相づちを打つ

相手の表情が見えない電話の場合は、相づちをタイミングよく入れると、相手に「話を聞いてくれている」という安心感を与えられる

名前や社名をいう

誰と話しているかわかっている場合でも相手の名前や社名をいう。名前をいわれることで相手は好意的になり、話に耳を傾けてくれる

相手に合わせる

相手の話す速さや声の高さに合わせて話す。相手は「波長が合っている」と感じるので、「話しやすい相手だ」と思われる

難解な言葉を使わない

わかりやすい言葉を使うと会話がスムーズになる。相手が専門用語などを使った場合は、理解していると捉え、使用してもよい

Point

☑ 型と相づちの相乗効果でスムーズに進む
☑ きちんと伝わることが誠意を伝える第一歩
☑ クッション言葉は電話でも有効

スマートフォンで
電話を受けるとき

● 公私混同は厳禁

　IT技術の発展やテレワークの普及で、業務用携帯を支給したり、アプリを利用し個人のスマートフォンに会社の内線電話機能を持たせたりする会社が増えてきました。個人のスマホでも会社支給の携帯でも、仕事の場所が自宅やカフェになっても、**公私の区別はしっかりとつける**必要があります。特に、会社支給の携帯を私的な連絡やゲームに使うことは厳禁です。社内情報の漏えいの原因になったり、処罰の対象になったりする場合があります。

● そのまま会話を続けられる環境かどうかを伝える

　特にオフィスの外で取引先などからの電話を受けた場合、電波状況や周囲の騒音、また会話の内容を誰かに聞かれる状況になっていないかを確認し、**屋外にいる旨を相手に伝え**ましょう。話題にそぐわない環境にいる場合「電車を降り次第折り返しお電話します」「騒音が大きいのでオフィスへ戻ってかけ直します」などと対応しましょう。

● 通話ができない場合は少しの気遣いを大切にする

　新幹線やビルの谷間、高層階のように、通話が十分にできない場所がまだまだあります。そのときはSMS機能やメールを使い、「現在電波が悪い場所にいるため、○時頃折り返します」と**テキストで送るのが有効**です。それも難しい場合は「先ほどは電波状況が悪く、通話できず申し訳ございませんでした」とかけ直せば大丈夫です。

相手を気遣う

**携帯に
出られない時間
を伝える**

携帯にかけてくるとき
は緊急の用件の可能性
が高い。緊急の案件を
抱えている場合は電話
に出られない日時を事
前に伝えておく

**事前に
周囲に伝え
許可を得る**

打ち合わせや会議中に
緊急の用件が携帯にか
かってくる可能性があ
る場合は、事前に周囲
に電話がある旨を伝え、
許可を得ておく

**すぐに
折り返し
電話する**

携帯なら「すぐに話せ
る」「至急話したい」と
かけてきているはずな
ので、電話できる状態
になったらすぐに折り
返して、安心させる

場所に応じたスマートフォンの使用マナー

屋外

周囲の雑音が相手に聞
こえない、静かな場所
に移動してかけ直すの
が原則。屋外では社内
情報や個人情報の漏え
いにも注意する

店内

話し声で周囲に迷惑を
かけないように店外に
出て話す。または、か
け直すことを伝えて、
電話ができる場所に移
動してかけ直す

電車・バス

電車やバスで電話する
のはマナー違反なので
移動中はマナーモード
に。かけ直す場合は一
度降りてからにする

車

運転中はマイクなどを
利用したハンズフリー
での電話も違法。対応
する場合は危険がない
場所に停車してから

Point

☑ どんなときでも公私の区別はキッチリつける
☑ 安心安全に電話ができる環境に移動するのもマナー
☑ 少しの気遣いが相手の不安を払しょくし安心させる

スマートフォンで
電話をかけるとき

● 静かで電波が安定した場所から手短かに

　スマートフォンのマイクは、性能がよく、外部の音も拾ってしまいます。また、騒がしい場所や電波が悪い場所で話すと、声が大きくなりがちなため情報漏えいにつながるリスクが高まります。また、相手との意思疎通がうまくできずに、勘違いや聞き間違いなどからトラブルに発展する可能性もあります。周囲の状況をよく確認し、状況によっては**会話を短く**したり**折り返しを提案**したりしましょう。

● 個人情報の取り扱いは要注意

　相手に外出中の空き時間に、電話をかけていると思われてしまう可能性などがあるので、会社支給の業務用スマホであっても取引先への連絡手段として**頻繁に使うのは NG** です。また、スマホには個人用でも業務用でも、多くの個人情報や機密事項などが詰まっています。会社のルールを厳守し、紛失には十分注意して管理しましょう。

● 固定電話よりもさらに時間帯には注意を払う

　人によっては睡眠時にスマートフォンを枕元へ置いている場合もあります。メールや SMS などの着信が安眠の妨げになる場合もあるので、会社の固定電話へかけるときよりも配慮が必要となります。テレワークや時短勤務がわかっている相手には、あらかじめ**通話可能な時間帯を確認**しておくのもよいでしょう。留守電も「詳細はメールを送ったので読んでください」に留めるのがベターです。

留守番電話の残し方

社名・自分の名前・用件・折り返しの有無などを簡潔に伝える

OK例	NG例
○○社の□□です。いつも大変お世話になっております。14時頃に改めてご連絡差し上げます。失礼いたします	○○社の□□です。いつも大変お世話になっております。またご連絡差し上げます。失礼いたします

着信履歴を見れば誰から何時にかかってきたのかはわかる。**いつ、何をするか、日時などの具体的な情報を残さなければ、留守番電話を残す意味がない**

携帯電話の素朴な Q & A

名刺の
携帯電話に
かけてもいい？

携帯へは
いつでもメールを
送っていい？

相手からの**希望**がない限り、**固定電話にかけるのがビジネスマナー**。相手が社内にいない場合、電話に対応してくれた人に、名刺の携帯番号に電話してよいか尋ね、許可を得たらかけてもよい

メールの通知音で相手を起こしてしまうなど、早朝や深夜のメールは迷惑になる可能性がある。いつでも受け取れるメールであっても、電話と同様に**就業時間内に送るのがマナー**

Point

☑ 通話に適した場所は**意外に少ない**と心得る
☑ **個人情報**の取り扱いは慎重に
☑ 身近なツールなので、より一層の**配慮**を

オンラインイベントの付き合い方

新たなコミュニケーションツールとして、オンラインイベントが浸透しつつあります。会社でも、歓送迎会や打ち上げなどのイベントがネット上で開催されることが増えてきています。

オンラインイベントは、終電やお店の閉店などの時間、周囲の雑音やお店の席配置などの空間、飲食の予算などを気にせずに済み、より自由に気軽に開催することができるのがメリットです。一方で、オンライン特有の悩みを感じるという人もいます。デメリットには、時間の制約がなくなり、終わるタイミングがわからない、途中参加・退席がしやすいため出席を断りにくい、といったことがあります。

事前に終了時間を決める、翌日仕事がある場合は参加しないなど、自分の負担にならないようにオンラインイベントを楽しみましょう。

メリット	デメリット
●店の閉店時間や終電がない	●いつでも、どこからでも参加できるので断りづらい
●会費がかからない	
●ネット環境があればどこからでも参加できる	●終わらせる・抜けるタイミングが難しい
●会場までの交通費が不要	●背景で自宅の様子などがわかってしまう
●自分の好きな飲み物・食べ物を選べる	●同居している家族に気を遣う

第 5 章

\ お客様の印象をよくする！/

来客対応&
訪問の基本

電話やメール、オンラインで話をするのではな
く、直接面談するということは、自社・先方双
方にとって重要な用件であることの証です。相
手を不快にさせない訪問者対応、訪問先でのマ
ナーを身に付け、スムーズで雰囲気がよい面談
ができるようにしましょう。

来客対応の受付のやり方

来客対応の流れ

1	挨拶を する	お客様に気が付いたらすぐに「いらっしゃいませ」「おはようございます」など、明るく挨拶して受付に案内する
2	確認を する	受付がなく案内が必要な場合は、お客様の名前や所属、面会希望の担当者、アポイントの有無などを尋ねる
3	連絡を する	担当者にお客様のこと（名前・所属・アポイントの有無）を連絡し、その後の指示を仰ぐ
4	案内を する	案内が必要な際は、お客様に案内をする旨を伝え、お客様の事前準備（トイレなど）が整っているかを確認し、向かう先を伝えて先導する

● 対応の第一印象で会社が判断される

　会社を訪れたお客様への対応（来客対応）は、新人が担当することが多い仕事です。だからといって、来客対応は軽視してよい仕事ではなく、むしろ重要な意味を持っています。初めていらっしゃるお客様は、そこでの**第一印象**で**会社を判断**します。対応した社員は、いわば「会社の顔」になるのです。訪問客の面会を断る場合であっても、丁寧かつ誠実に振る舞わなければなりません。

● まずは笑顔で明るく挨拶

　来客対応の基本は、**挨拶→確認→連絡→案内**です。挨拶では、お客

様に気づいたら、立ち上がって笑顔で対応します。確認では、お客様の社名、名前、面会相手、アポイント（予約）の有無を確認します。連絡では、社内の面会相手に連絡して、相手へ取り次ぎます。案内では、面会相手の指示に従ってお客様を応接室などへと案内します。

• アポの有無で対応は変わってくる

来客対応ではお客様のアポイントを確認しますが、**アポイントの有無**によって対応が変わります。

アポイントがある場合は、面会する担当者の指示通りお客様を案内します。アポイントがない場合は、お客様の用件も聞き、面会希望の担当者に伝えて指示を仰ぎます。初めての来社で特に面会相手の指名がない場合は名刺も預かりましょう。

アポイントがない来客への対応

目的を確認

「恐れ入りますが、ご用件をおうかがいできますでしょうか」など**クッション言葉**も用いて、お客様の名前や所属、面会希望の担当者名、目的を確認

▶ アポイントのない新規のお客様の場合は「恐れ入りますが、名刺を頂戴できますでしょうか」などといい、**名刺をもらう**

担当者に連絡

アポイントがない来客であることを伝えて**指示を仰ぐ**。面談を断る場合も「○○は来客対応中のため、改めてご連絡ください」など相手が不快にならないように対応

▶ 担当者が面談を断ることを想定した対応を心がける

Point
☑ 来客対応する社員は「会社の顔」になる
☑ 基本は、挨拶→確認→連絡→案内
☑ アポイントがある場合とない場合で対応が変わる

案内するときの流れ

案内の4つの心得

明るく	素早く	確実	丁寧
会社の代表・顔であるという自覚を持ち、明るい声・明るい表情で挨拶をして出迎える	お客様を待たせないように、素早く担当者へ連絡して指示を仰ぎ、結果をお客様に報告する	担当者に確実に伝えるために、お客様の名前や目的などを確認する。必要であれば復唱する	何度も顔を合わせているお客様でもなれなれしい態度はNG。お客様には常に丁寧に対応する

● 行き先を伝え、お客様の荷物への気配りも

　来客対応で、お客様の面会相手から「応接室にお通しして」などと指示されたら、その場所までお客様を案内します。

　まずは、「応接室へご案内いたします」「2階の会議室へご案内いたします」というように**行き先を伝え**ます。

　お客様が大きい荷物を持っている場合は、「よろしければ、お荷物をお持ちしましょうか」と声をかけましょう。

● お客様のペースに合わせながら数本前を歩く

　お客様にとって、あなたの会社は不慣れな場所であることがほとんどです。お客様にわかりやすいように、案内する方向を示しながら誘導し、**お客様の右斜め前の2～3歩先**を歩くようにします。

お客様には廊下の中央を歩いてもらいます。歩くペースはお客様に合わせて調節します。無言で歩くのではなく、ちょっとした世間話をして相手にリラックスしてもらったほうがよいでしょう。

● 階段ではお客様の下を歩くのが基本

階段を使う場合、お客様より下の位置に立つのが基本です。上りなら、お客様の後ろを歩きます。ただし、スカート姿の女性のお客様の場合は「前を失礼いたします」と一声かけて前を歩きましょう。

上下ボタンや開閉ボタンなど、**エレベーターの操作はあなたが行います**。エレベーターにはお客様より先に乗り、お客様より後に降ります。エレベーター内では席次にも気をつけましょう。

エレベーターでの案内と席次

乗る前	乗るとき	降りるとき
ボタン操作をお客様にさせないように素早くボタン操作を行う。その際にはお客様に背中を向けない	中に誰もいなければ「お先に失礼いたします」と断って先に入り、操作盤の前に立って開ボタンを押しながら片手でドアを押さえてお客様を招き入れる。人がいた場合は片手でドアを押さえ、お客様を先に乗せる。自分が乗ったらすぐに行き先の階のボタンを押す	開ボタンを押しながらドアを押さえ、お客様を先に降ろす。降りた後はお客様の右斜め前に移動し、目的地まで案内する

エレベーター内の席次

・操作盤の前が末席、その後ろが上座で、操作盤が２つある場合は扉に向かって右側が上座

・中に先に人がいる場合は上記通りでなくて OK。ただし、ボタン操作をお客様にさせるのは NG

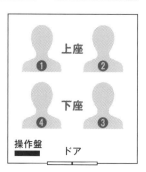

上座 ❶ ❷
下座 ❹ ❸
操作盤 ドア

（❗ アドバイス）

エレベーター内が混雑している場合は、お客様に意向を確認し、無理に乗らず次を持つ

● 無人でも入室前にノックする

目的地に着いても、いきなりドアを開けてはいけません。場合によっては、何かの手違いで使用中かもしれません。入室前に**ドアを3回ノック**して、無人であることを確認してから入室します。万が一、使用中であった場合は、お客様に「申し訳ございません、少々お待ちいただけますか」とお詫びし、室内を使用している社員や担当者と善後策を早急に決めるようにしましょう。

ドアを開けた状態にしてから、「どうぞお入りください」とお客様に声をかけ、お客様に先に入っていただきます（内開きドアの場合は案内役が先に入ります）。

● 室内では上座の席をすすめる

室内に入ったら、お客様に「どうぞこちらにおかけください」と**上座（114～117ページ参照）の席**をすすめます。

お客様がコートなどの上着を着用している場合、上着を預かって室内のハンガーにかけます。

「○○はまもなく参りますので、少々お待ちください」などのように、面会の担当者がどの程度で来るのかを伝えます。

● 案内が終わったら会釈して退室

担当者の到着が10分以上遅くなる場合は、「会議が長引いておりまして、あと10分程度お待ちいただけますでしょうか」などと、理由も伝えたうえで待っていただきます。その際は、お客様にお茶をお出しするだけでなく、自社の会社案内や製品・サービスの資料を用意するなど機転を利かせましょう。

案内が終わったら、ドアのそばで「失礼いたします」と会釈してから退室して、ドアを閉めます。ドアに「使用中／空室」などのプレートがある場合は、使用中の表示にしておきましょう。

場所ごとのご案内

 廊下

こちらです

- 完全に背中を向けるのは失礼なので、斜め2、3歩前を歩く
- 曲がり角や進路を変えるときは「こちらです」といい、方向を手で指し示す
- 時々振り返ってお客様が余裕を持ってついてきているかを確認する

階段

お先にどうぞ

- 階段ではお客様を見下ろさない位置が基本
- 上りなら「お先にどうぞ」とお客様を先に行かせ、下りならば「お先に失礼します」と先に降りる
- お客様がスカート姿の場合は先に上るなどの気遣いも必要

ドアのタイプ別開け方

押すタイプ

- 会釈をしながら「お先に失礼いたします」といい、先に入室する
- 入室後はお客様に背中を向けないように体の向きを変え、ドアを押さえながら、もう片方の手で室内を指し示し「どうぞ」と案内する

引くタイプ

- ドアを開け、ドアを押さえたまま「どうぞお入りください」と、先に入室してもらうよう誘導する
- スライド式の場合も扉を開け、扉を押さえながら先に入室してもらうようにお客様を誘導する

Point

- ☑ お客様への気配りが大切
- ☑ エレベーターの操作はあなたが行う
- ☑ 上座の席をお客様にすすめる

席次の基本

● 入り口から遠い席が上座、近い席が下座

　目上の人が座る席を上座、目下の人が座る席を下座、席に座る順序のことを席次と呼びます。席次は、**入り口から遠い奥の席が上座、入り口に近い席が下座**が基本になります。また、窓からの景色や絵画などの装飾品を鑑賞できる席、ゆったりと座れるソファータイプの席、事務机から遠い席などが上座として扱われることもあります。

● 応接室ではイスのタイプにも注意する

　応接室でも、前述の席次の基本が当てはまります。来客が上座に、社内の人間が下座に座るので、来客を案内した場合は上座をすすめましょう。応接室の場合、イスのタイプにも気を配りましょう。ソファー（長イス）は上座、ヒジかけイスは下座です。イスはソファー、ヒジかけイス、ヒジかけのないイス、スツールという順番で格が決まっているので、**格の高いイス**をすすめます。

● 会議では議長が上座に座る

　会議室も、前述の席次の基本が当てはまります。会議で議長がいる場合は**議長が上座**に座ります。来客を交えての会議の場合、来客が上座に座り、自社の人間が下座に座ります。円卓やロの字型に席が置かれている場合、入り口から一番遠い席が上座で、次に上座から見て右側、左側、右側、左側、右側、左側……という席次になります。円卓は、入り口に一番近い席が下座です。

応接室の席次

基本的な配置

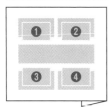

・出入口からもっとも遠い①が上座

・出入り口にもっとも近い④が下座

・テーブルをイスが囲む場合は、辺が長い方が上座、辺が短い方が下座

ソファー席がある場合

・ソファー席は上座

・最上位は①だが、話しやすさ優先で②に座る場合も

・社内の人間は下座の④⑤に座る

・一人で対応する場合は⑤に座る

イスのタイプが複数ある場合

・イスの種類による格付け

・①ソファー（長イス）

・②ひじかけあり

・③ひじかけなし

・④スツール

・準備の際にはイスの格にも注意する

💡 アドバイス

フロア内に応接スペースがある場合は、社員の机から一番遠い席が上座

会議室の席次

対面席

・出入口に遠い側の中央が上座

・テーブルの端で出入口に近いほど下座

コの字型席

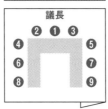

・出入口からもっとも遠い位置が議長席

・席次は議長席から見て右側、左側の近い順に高い

円卓式

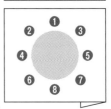

・出入口からもっとも遠い位置が最上位の上座

・席次は最上位席から見て右側、左側の近い順に高い

• 和室は床間を背にした席が上座

　会食や接待などでレストランの個室を使う場合でも、入り口から遠いところが上座で、入り口に近いほうが下座という席次の基本は変わりません。しかし、席次がわかりにくい個性的な個室が用意されている場合もありますので、事前に**お店に席次の確認**をしておくことをおすすめします。

　和室なら、床の間を背にした席が上座になります。中華レストランなど円卓が置かれている部屋の場合は、入り口から遠い席が上座で、上座から見て左側、右側、左側、右側、左側、右側……という席次です。中華レストランの円卓の席次は会議の円卓の席次とは異なりますので注意しましょう。

• 自動車は運転手によって席次が変わる

　乗り物にも席次があります。自動車でタクシーなど運転手がいる場合は、席次は**運転手の後ろの席→助手席の後ろの席→（後部に３人座るなら）後部中央席→助手席**になります。上司やお客様が自分の車を運転して、それに乗る場合は、席次は助手席→運転手の後ろの席→助手席の後ろの席→後部中央席となります。誰が運転するかで席次が変わりますので注意しましょう。３列シートなら、乗り降りしにくい最後部座席が下座です。

• 飛行機や列車は景色がよく見える窓側が上座

　飛行機や列車の場合、**窓に近いほうが上座、通路に近いほうが下座**です。景色がよく見えて人の行き来が気にならない場所が上座になるのです。ただし３人がけでは窓側→通路側→真ん中の席という席次になります。列車で向かい合わせに座っている席なら、窓側が上座で通路側が下座というルールに加えて、進行方向を向いてる側の席が上座、進行方向に背を向けている側の席が下座になります。

会食での席次

和室

●4名席の場合

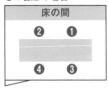

●6名席の場合

レストラン

●四隅に座る場合

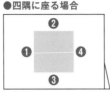

●対面席の場合

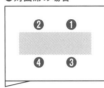

中華

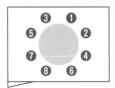

カウンター

乗り物の席次

運転席の後ろが上座、助手席が末席

・後部3人席の場合は①運転者の後ろ、②反対側の扉側、③中央、④助手席の順。ただし助手席が空いている場合は後部中央席より助手席に座るほうが快適

・お客様や上司が運転する場合は、敬意を示すため、助手席が上座（順番繰り上げ）になる

出入口　通路

新幹線や飛行機は窓側が上座、通路側が次席

席を2列以上使う場合は後列の窓際が上座。ただし、相手の希望を優先

Point

☑ 基本は入り口から遠い席が上座、近い席が下座
☑ イスにも格があるので、配置に注意する
☑ 飛行機と列車は窓側が上座、通路側が下座

名刺交換の流れ

名刺交換の基本

訪問側から差し出す	名刺交換は訪問者や目下の人から差し出す。相手が先になった場合は「申し遅れました」と一言添える
距離感も大切	互いに受け取る際に軽くお辞儀をするので、相手とぶつからないように、約1歩半（1.2 m）くらいの位置に立つ
両手で渡す	名刺は両手で持ち、立って渡す。テーブル越しになる場合は「テーブル越しに失礼いたします」と一言添える
名前が隠れないように	名刺を渡すときも受け取るときも、名刺の端の余白を持つ。名刺は相手が読める向きにして差し出す

●最初は目下の人から目上の人に渡す

　ビジネスシーンにおいて初対面の人と会ったときは、名刺交換を行います。名刺交換では基本的に、**目下の人（または訪問した側）から目上の人（訪問された側）に名刺を渡します**。先方が1人、こちらが複数の場合は、役職が上の人から名刺交換をします。お互いに複数人の場合は、まず立場が上の人同士で名刺交換し、それ以降は立場の順に従って交換していきます。

●相手が読める向きで名刺を渡す

　名刺交換するときは、名刺入れを左手で持ち、右手で名刺を取り出

し、名刺の文字が相手に読める方向で差し出します。名刺の余白部分を持って、名刺に書かれた社名、氏名などを指で隠さないようにします。また、名刺は立った状態で両手で持って、相手の胸元へ差し出します。名刺を渡す際に、**社名**、**部署名**、**氏名**をはっきりと名乗ってください。

• 相手の名刺は両手で丁寧に受け取る

名刺交換は**両手で差し出し、受け取るときも両手**です。名刺を無言で受け取るのではなく、「頂戴いたします」などと述べます。相手の名前などが聞き取りづらかったときは、「恐れ入りますが、何とお読みするのでしょうか？」と確認します。渡された名刺のデザイン、会社のロゴなどの雑談で打ち解けてから、本題に入るのもいいでしょう。

名刺の渡し方

先に名刺を差し出す場合

①名刺を取り出し、**相手に読める向きにして胸の高さで両手で持つ**

②相手の目を見ながら会釈をし、相手の**胸元へ差し出す**（名刺入れをお盆代わりにする場合もある）

③差し出す際は「はじめまして」や「いつもお世話になっております」の後に所属と**フルネームを名乗る**

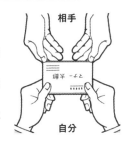

相手

自分

同時に名刺入れを持ちながら交換する場合

①同時に名刺を取り出して両手で持ち、相手の胸元に差し出す。差し出す際は、**訪問者か目下の人側から挨拶**する

▶

②挨拶後は、**右手に名刺、左手に名刺入れ**と持ち替え、名刺を相手の名刺入れに置き、同時に自分の名刺入れに置かれた相手の名刺を受け取る

③**右手が空いたらすぐに**受け取った相手の名刺に添え「頂戴いたします」といって両手で持ち、両手を胸元に引き上げる

▶

④相手の名刺を一読し、名前などを確認（読み上げて確認する場合は訪問者や目下の人側から）。名刺を持ったままの場合、**胸より下の位置に下げない**

▶

複数人で名刺交換する場合

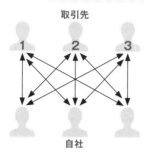

取引先

1　2　3

自社

・最初は立場や役職が同じ人同士で交換。その後は立場が上の人との名刺交換を優先して行う

・受け取った名刺を名刺入れの後ろに送り、名刺入れと手の間に挟みながら次の人と名刺交換をしていく

・手が空いても、上司や先輩が名刺交換している間は順序を無視せずに待機する

> 📖 **アドバイス**
>
> ・名刺の上に名刺を重ねるのはマナー違反なので注意
> ・相手の立場や役職がわからないときは、上司や先輩の様子をうかがう
> ・相手側より人数が多い場合は、最初の名刺交換が終わるまで待機する

● 名刺は面談時にはテーブルに並べる

　名刺交換を終えて面談に入る場合、名刺はすぐにしまわず、**テーブルの上に置き**ます。自分の左側に、正面に座っている相手と対になる状態で並べます。名刺はこちらから文字を読める向きで置くようにしましょう。いただいた名刺は大事に扱って、テーブルの下に落としたりしないようにします。面談が終わって退席するときに、名刺を名刺入れにしまいます。いただいた名刺を置き忘れて退出してしまう行為は、相手に興味がありませんといっているようなものですので、絶対にしてはいけません。

● 名刺を切らしたらお詫びしてお礼のメール

　名刺を切らしているときや、大勢と交換して途中で足りなくなったとき、忘れてしまったときは、丁寧にお詫びして相手の名刺を受け取ります。こちらの名前を改めてきちんと伝えるという意味も込めて、その日のうちに先方に**お礼とお詫びのメール**を送りましょう。

次に訪問したときに「遅くなりましたが」と一言添えながら、自分の名刺を改めて先方に渡します。

●受け取った名刺はその日のうちに整理する

受け取った名刺は、会社に戻ってから**ファイルやケースに入れて整理**します。商談の日付や相手の情報などを名刺の裏に書き込んでおくと、後日見返したときに、どういう人物だったか思い出しやすくなります。ファイルに入れるだけでなく、名刺管理アプリを活用してデータを整理してもいいでしょう。ただし、データ化された情報が漏えいしないように気をつけてください。会社に名刺管理のルールがある場合は、そのルールに従います。

名刺の置き方・しまい方

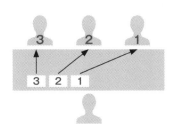

・相手の名刺はすぐにしまわず、机の上に置いておく。一枚の場合は自分の名刺入れの上に、相手が複数の場合は役職が一番高い人の名刺を名刺入れの上に置き、残りは机の上に

・机に名刺を置く際は席次と合わせて置く

・商談が終わるタイミングで名刺をしまう

注意点

・相手の携帯電話の番号を教えてもらったときに名刺にメモをするのはマナー違反。一言断りを入れ、許可を得てから

・名刺を置き忘れるのは、相手に興味がないという意味に。資料が多いときには断りを入れて、先に名刺入れにしまう

Point

☑ 面談時は受け取った名刺をテーブルの上に置く

☑ 名刺は切らさない。切らした場合はお詫びする

☑ 名刺はファイルやケース、アプリで整理

紹介の仕方・され方

● まずは目下の人を目上の人に紹介

　担当している取引先が、あなたの会社を訪問した場合、あなたが、**自社の人と取引先の人を引き合わせて紹介**します。紹介の順序は、まずは目下の人を目上の人に紹介してから、目上の人を目下の人に紹介します。取引先の人はお客様なので目上の人になります。自社の人を取引先の人に紹介してから、取引先の人を自社の人に紹介しましょう。

人を紹介する順番

自分が仲介者として紹介する場合、目下の人を目上の人に紹介するのが基本。①自分に近い人間（社内の人間など）、②役職や年齢が下の人を目下とする

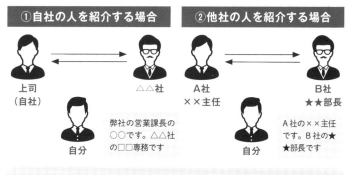

①自社の人を紹介する場合

上司（自社） ⟷ △△社

自分

弊社の営業課長の○○です。△△社の□□専務です

②他社の人を紹介する場合

A社 ××主任 ⟷ B社 ★★部長

自分

A社の××主任です。B社の★★部長です

注意点

- 社外の人への紹介では、上司であっても呼び捨てにする。また、「〜課長」など名前の後ろに役職名はつけない

- 他社の人の紹介の際は、「〜部長」など役職名をつける。その際、役職名の後ろに「様」「さん」はつけない

- 紹介を依頼された場合は、依頼したほうを先に紹介する

•自社の人間は呼び捨てにする

　自社の社員を紹介するときは、**敬称をつけず、呼び捨て**にします。「〇〇社長」「〇〇部長」「〇〇課長」などの呼び方は敬意を表す表現（この場合、〇〇さんに対する敬意が込められた呼び方）なので、上司は「〇〇課長です」とは紹介せず、「課長の〇〇です」と紹介しましょう。取引先の人に関しては「●●社の●●課長です」と紹介してください。

紹介されるときは一言添える

ただお辞儀するだけでなく、明るく元気に爽やかに一言添えると第一印象がよくなる

新入社員の〇〇です。
ご指導よろしくお願いいたします

 アドバイス

　・笑顔で　・大きな声で　・はっきり話す　・相手を見る

•他社同士の場合は役職が低い人を先に紹介

　お互いに初対面であるA社のA部長とB社のB課長を引き合わせて、C社のあなたが紹介しなければいけないとします。前述した通り、先に目下の人を目上の人に紹介するのが原則なので、最初に役職が低いB課長をA部長に「B社のB課長です」と紹介し、次にA部長をB課長に「A社のA部長です」と紹介します。このとき**略歴などを添えて紹介**すると、どういう人物なのか伝わりやすくなります。

Point

☑ まずは、**目下の人を目上の人に紹介する**
☑ 自社の社員には敬称をつけず、**呼び捨て**にする
☑ 他社同士では、まず**役職が低いほうを高い方に紹介**

お見送りの流れ

お見送りの際の気遣い

お客様の
忘れ物が
ないか確認

・書類や名刺入れなど
の置き忘れを確認

・傘やコートなど、お
客様の手元にないも
のは特に注意する

感謝の
言葉を
伝える

・来訪への感謝の気持
ちを伝える

・雨や暑い日など、悪
天候の日の来訪は、そ
れについても触れる

玄関まで
お見送り
する

・お客様の姿が見えな
くなるまでお辞儀

・エレベーター前に留
まらず玄関先まで見
送ると好印象

• 玄関またはエレベーターまで同行する

　自社をお客様が訪ねてきたときは、面談が終わったら、お客様をお見送りします。面談をした応接室などで別れの挨拶をするのではなく、**建物の玄関先までお客様に同行してお見送り**するのが原則です。ただし、オフィスがビルの上層階にある場合は、エレベーター前でお見送りしても問題ありません。どこまでお客様をお見送りするかは、お客様と会社の関係性も踏まえて判断しましょう。

• ドアをお客様に開けさせない

　お見送りでエレベーターや玄関までお客様を誘導する途中にドアが

ある場合、**ドアをお客様に開けさせない**ようにしましょう。ドアはお見送りする自社の人間が開けます。エレベーターを呼ぶ昇降ボタンもお客様に押させると失礼なので、自社の人間が押します。お客様の荷物が大きい場合は、「お持ちしましょうか？」と確認したうえで荷物を預かり、玄関先や車まで運ぶようにします。

• 姿が見えなくなるまで頭を下げる

お見送りでは、挨拶の言葉を述べてから、**深々と丁寧にお辞儀**をします。エレベーター前でのお見送りなら、エレベーターのドアが完全に閉まるまで頭を下げておきます。玄関でのお見送りでお客様が車の場合、車が見えなくなるまで頭を下げます。お客様がこちらを振り返ることも多いので、その姿が見えなくなるまで丁寧にお辞儀をしましょう。

お見送りの流れ（エレベーター前まで）

1　応接室の扉を開ける
お客様がドアを開けることがないように先に動く。お客様に忘れ物がないか注意を促し、準備が整ったらお客様を誘導する

2　お客様をエレベーターまで誘導する
案内と同様に（113ページ参照）お客様をエレベーターまで誘導して昇降ボタンを押す。お客様が確実に乗り込むまでボタンを押しておく

3　エレベーターに乗り込んだお客様に挨拶をする
お客様が乗り込み、正面を向いたらお礼の言葉を添えてお辞儀する。エレベーターの扉が完全に閉まるまでお辞儀を続ける

Point
☑ 面談が終わったらお客様を玄関先まで送る
☑ 見送る際も、相手を気遣う
☑ 相手の姿が見えなくなるまで頭を下げて見送る

オンライン商談の基本

● 通信が切れた場合の対策もしておく

コロナ禍以降、リモートワークや Web 会議がすっかり定着しました。従来のリアルで対面しての商談とは違う点もありますが、**事前の準備が重要**なのは共通しています。通信が切れてしまった場合の対策（別の Web サービスなど）を事前に用意して、余裕をもって予定時間の5分前には Web サービスに接続しましょう。

● 自分の背景に何が映るのかを確認する

事前の準備として、こちらの服装や環境を整えておくことも重要です。**画面越しでも好感**を持たれるように、清潔感のある服装で身だしなみを整えます。パソコンやカメラ、マイクなどの通信環境はもちろん、自室の環境も整えて、自分の背景に何が映り込むのかを確認しておきます。自宅の環境が整っていない場合には、会社の許可を得て、テレワークプランのあるビジネスホテルなどを使うのもいいでしょう。

● 相手と打ち解けるための雑談も必要

オンラインだとこちらの意図や雰囲気が伝わりにくい面がありますので、リアクションはいつもより大きめに取りましょう。よそよそしくならないように、意識して雑談をするようにします。話題のきっかけになるような小物、花、絵、写真などをカメラが映す範囲に置くのもいいでしょう。商談が終わったら、**相手が退室するのを確認してから、こちら側の接続を切る**ようにします。

成功するオンライン打ち合わせ・商談のポイント

事前に共有
会議 URL や資料などを事前にメールで送るなどし、共有していると相手に真剣さが伝わる

デスクトップを整理
不要なファイルなどを捨て、必要なデータをすぐ開けるようにしておく

映り方を確認
自分や背景のカメラ映りを確認。必要に応じてぼかし機能を利用する

早めに入室
通信トラブルや先方が早めに入室することを想定して、開始 5 分前を目安に入室する

マイクはミュートに
周囲の雑音が入らないように発言するとき以外はマイクをミュートにしておく

動作は大げさに
モニターでは表情などが伝わりにくいのでリアクションは大げさにする

相手の様子を確認
話の内容を相手が理解できているかなど、相手の表情から読み取ることを心がける

雑談を交える
一方的に話をすることを避け、対面以上に雑談を交えることを意識する

間は長めに取る
会話や画面共有でタイムラグが発生することを考慮し、間を長めに取る

視覚情報を提供
画面共有で資料を表示し、視覚的にわかりやすくして相手の理解を深める

最後に退室
商談後はお礼を述べ、お辞儀をする。相手の退出を確認してから退出する

商談内容を共有
終了後はメールでレジュメを送る。相手が打ち合わせのメモや録画を見直す手間を省ける

> **アドバイス**
>
> 先方と同時に発言して気まずくならないようにするためには、語尾を言い切ることを意識することがいつも以上に大切

Point
- ☑ 事前の準備をして、時間の余裕をもって接続する
- ☑ 通信環境、自分の部屋の環境、身だしなみを整える
- ☑ いつもより大きめのリアクションを心がける

訪問の準備

● 余裕をもってアポイントを取る

　他社を訪問する際に重要なのは、**事前にアポイント**（予約）を取ることです。相手に貴重な時間を割いていただくということも意識しましょう。余裕をもって、最低でも1週間前にはアポイントを取るための連絡をメールや電話で入れましょう。その際には、訪問の目的と大まかな所要時間を伝えて、訪問の了承を得るようにします。

● 先方の都合を優先しながら日時を決める

　訪問の了承が得られたら、日時を決めます。先方のお時間をいただくのですから、**先方の都合を優先**します。いくつか都合のよい日時の候補を出してもらいましょう。先方に日時の希望がない場合は、こちらからいくつかの日時を提案します。日時が決定したら、同行者の人数を伝えます。最後に行き違いがないように、改めて日時、うかがう場所、訪問する人数を伝えます。

● 訪問前に先方の所在地、交通手段などを確認

　アポイントが取れたら、訪問先までの交通手段、到着までの所要時間、訪問先の詳細な場所などを調べておきます。先方の会社の事業内容などもチェックしておきましょう。**訪問の前日には**メールや電話で、改めて訪問することを伝えておくと、万が一の行き違いを防げます。また、不測の事態で訪問できなくなった場合は、必ず先方に早めに連絡を入れるようにしましょう。

アポイントを取るときに 相手に伝えるべき4項目

訪問目的

・訪問する目的と理由を伝える

・訪問の際に何を話し合うか、大まかな概要を伝える

希望日時

・訪問希望の日時を伝える

・メールでも共有する

・確認のために前日に電話・メールをするのもよい

所要時間

・予想される（希望する）所要時間を伝える

訪問人数

・訪問人数を伝える

・訪問者の役職と名前を伝える

訪問前のチェックリスト

会社を出る前にチェック

☑ 身だしなみは乱れてないか
☑ 相手の名前や役職は確認したか
☑ 名刺を切らしていないか
☑ 訪問先までの道順は完璧か
☑ 資料や手土産を持ったか

到着してからチェック

☑ 身だしなみは乱れてないか
☑ スマホはマナーモード設定か
☑ 資料や名刺はすぐ取り出せるか
☑ コートは脱いでいるか
☑ 訪問の目的を再確認したか

注意点　遅刻はもちろん、早すぎる到着もマナー違反。5分前に受付を済ませるようにするのが望ましい

Point
☑ 最低でも1週間前には連絡してアポイントを取る
☑ 訪問の了承が得られたら日時を決める
☑ 訪問前日には確認の連絡を入れる

訪問するときに注意すること

● チェックリストをつくり、忘れ物を防ぐ

アポイントを取って他社を訪れるときには、商談で必要な資料やサンプル、名刺、メモを取るための筆記用具などを忘れないようにしましょう。事前に**チェックリスト**をつくっておいて確認する習慣をつけておくと安心です。場合によっては手土産を持参したほうが好ましいこともあります（134 〜 135 ページ参照）。手土産は紙袋や風呂敷に入れて持参し、包みが汚れないようにします。

● 服や靴が汚れていないか、身だしなみを確認

先方に悪い印象を持たれないために、**身だしなみ**にも気をつけてください。スーツや靴、爪は汚れていないかを確かめます。靴を脱ぐ可能性があるなら、靴の中や靴下の状態もチェック。訪問先の会社に入る前にコートは脱ぎます。名刺入れは取り出しやすいところに入れましょう。スマホはマナーモードや電源を OFF にしましょう。

● 自動車なら駐車場を事前に確認しておく

自動車で訪問する場合は、事前に駐車場があるか、利用してもよいかを確認しておきましょう。訪問先の会社の駐車場を利用する場合は、**建物の出入り口から遠い場所に停める**ようにします。

その他のコインパーキングを使う場合は、コインパーキングが満車の場合も想定し複数の候補を選んでおき、そこから訪問先まで歩く時間もあらかじめ計算して行動するようにしましょう。

受付前にチェックすること

カバン

先方に渡す資料をすぐ出せるか

靴

靴の汚れ、紐がほどけていないか

名刺

すぐに取り出せる場所にあるか

スマホ

マナーモードや電源をOFFにしているか

コート

コートや手袋を脱いでいるか

受付の流れ

インターホン・無人電話の場合

①インターホンや無人電話で到着を知らせる

②相手が出たら明るく挨拶する

③自分の会社名・名前・約束相手の所属と名前、約束の時間を伝える

④相手の指示に従う

受付が対応してくれる場合

①受付の人に明るく挨拶する

②自分の会社名・名前・約束相手の所属と名前、約束の時間を伝える

③受付の人からの指示に従う

④社内に入る際に応対してもらったお礼をいう

💡 **アドバイス**

訪問先で名前などの記帳を依頼された場合は、役職が一番低い人が全員分の記帳を行う

Point

☑ チェックリストで**持参する持ち物**を確認する

☑ **清潔感**のある身だしなみを心がける

☑ 訪問先に**駐車場**の有無を確認しておく

訪問先でのマナー

● 先方の指示に従って担当者を待つ

受付で訪問したことを告げたら、「そこでお待ちいただけますか」「エレベーターで３階までお願いします」など指示されるので、それに従います。応接室や会議室に通された場合は、**すすめられた席に座って**担当者を待ちます。上座をすすめられたら、断らずに座ります。席を指定されなかった場合は、下座に座りましょう。

● 手荷物やカバンは机の上ではなく足元に

担当者を待つ間、**カバンや手荷物は足元**に置きます。机やイスの上に置いてはいけません。コート類は折りたたんで、カバンの上に置きます。コートかけがあっても勝手に使わないようにします。担当者を待っている間に、必要な書類や名刺の用意をしましょう。担当者がやってきたら名刺交換をします。名刺交換はテーブル越しではなく、相手に近づいて行います。

● 建物を出るまでは気を抜かない

お茶などの飲み物を出された場合、先方の担当者にすすめられてから、または担当者が口をつけてから飲みましょう。上司が同行している場合は上司より先に飲むのは避けます。

面談が終わったら、忘れ物がないか確認して、自分が出したゴミを持ち帰ります。コートや手袋、マフラーなどは**外に出てから着用**してください。

会議室・応接室での待ち方

カバンは 床に	カバンは床に置く。机の上や長イス、空いているイスに置くのはマナー違反
下座で待機	自分が来訪側だからといって上座で待機するのはNG。ただし、訪問先では先方の案内に従う
イスには 浅く座る	アポイント相手が来たときに立ち上がって挨拶するため、イスには浅く座る。背もたれに背中をつけてはいけない
名刺・資料を 用意する	取り出しやすいように準備しておいた名刺や資料などを改めて確認して、スムーズに出せるようにする

商談の流れ

挨拶・雑談 ▶ **本題・提案** ▶ **次の約束** ▶ **挨拶・雑談**

挨拶・雑談	本題・提案	次の約束	挨拶・雑談
時候の挨拶などの雑談から入り、和やかな雰囲気をつくる。時間を割いてくれたことへの感謝も伝える	本題・提案では、メリットが強調されるように、相手にとってのメリット→デメリット→メリットの順で話す	商談がまとまらなかったり、相手に検討時間が必要な場合は、次回の日程を提案するなどして商談を継続する	改めて時間を割いてもらったお礼を伝える。相手に次の予定がなければ、雑談も交え、親交を深める

Point 🖐
- ☑ 部屋に通されたら、すすめられた席に座る
- ☑ 荷物を足元に置いて、コートはカバンの上に
- ☑ 出された飲み物はすすめられてから飲む

手土産の選び方・渡し方

● 先方の好みも踏まえながら品物を選ぶ

　取引先などを訪問するとき、**感謝の気持ちを伝えたり、お願いごとやお詫びがあるときは手土産を持参します。** 手土産の値段は、初めて訪問する相手なら 3000 〜 5000 円、謝罪のときは 5000 〜 10000 円が相場です。品物は先方の好みなども踏まえながら選び、切るのに手間がかかるもの、匂いが強いものなどは避けます。個包装のものが、手間がかからないのでおすすめです。事務所開きのお祝いには花を、接待には、接待で利用したお店の料理をお土産に渡すのもいいでしょう。

おすすめのお土産例

お菓子	花	特産品	料理
社内で分け合えるものが喜ばれる。取引へのお礼や陣中見舞いなど一般的な場合におすすめ	事務所開きなど、祝い事に置物でもいいが、相手の好みがわからない場合は花が無難	県外への訪問の場合、地元のお菓子や名産品を持っていくと会話のきっかけにもなる	接待後のお土産は接待会場の料理を渡すとよい。生ものなど持ち運びに適さないものは NG

● 応接室に通されて挨拶の後に渡す

　手土産は応接室などに通されて、**挨拶や名刺交換が終わってから渡します。** 紙袋などに入れて持参しますが、渡すときは袋から出して渡

します。複数の人数で訪問している場合、その中で一番地位が高い人が、訪問先で一番地位が高い人に渡すのが基本です。ただし、状況によっては、窓口になっている先方の担当者に渡してもかまいません。

NG なお土産例

縁起の悪い数
死や苦を連想させる **4** と **9** や、縁起が悪いとされる**偶数**は避ける。ただし、**8** は縁起がよい数字なので例外

競合他社のもの
競合他社はもちろん、その**親会社**、**関連会社**、深い付き合いがある会社のものは NG なので関係性を調べる

かさばる・重いもの
カバンに入らないような大きいものや缶詰は NG。受け取った側が**持ち運びや保管に困る**ものは迷惑になる

先方の近所にあるもの
先方の近所にある店の土産物は NG。あわてて買った、ついでに買ったとも思われかねず、印象が悪い

日持ちしないもの
生菓子や果物など日持ちしないものは避ける。お菓子や食べ物は **2週間以上日持ちすること**を目安に

いつも同じお土産
同じお土産を頻繁に渡すのは**機械的に接している**と思われるので避ける。先方からのリクエストの場合は例外

• いただいた場合は感謝の言葉を忘れずに

こちらが手土産をいただいた場合は、「ありがたく頂戴いたします」などと、**相手の心遣いに感謝の言葉を述べ**ましょう。いただいた手土産は床には置かず、テーブルやソファーの上に置くようにします。相手が「ぜひ見てほしい」とすすめてきた場合は、包装を開けます。気心の知れた関係で先方からすすめられた場合は、いただいた品物をその場でお茶のお供にして一緒にいただきましょう。

Point
☑ 匂いが強いもの、切り分けが面倒なものは避ける
☑ 紙袋に入れて持参し、袋から出して渡す
☑ 複数人での訪問時は、一番目上の人間が手土産を渡す

個人宅を訪問するときのマナー

•個人宅への訪問は時間丁度に到着

仕事をする中で、企業ではなく個人宅を訪問する機会もあることでしょう。

個人宅を訪問する場合は、約束の5分前に到着するのではなく、**時間丁度にインターホンを鳴らす**ようにしましょう。個人宅は企業と違い、待合室はなく、予定より早く到着するとお客様に対応を急がしてしまいます。

•玄関前で身だしなみを整える

到着したら、**インターホンを押す前に**身だしなみを整えます。コートは脱ぎ、マフラーなども外します。

インターホンを押し、アポイントを取っていない場合は、「お忙しいところ申し訳ございません。●●の佐藤と申します。○○の件でおうかがいいたしました。お時間をいただくことはできませんでしょうか」といった感じで、用件をわかりやすく伝えて、相手の都合を聞きます。

•家に上がるときは相手にお尻を向けない

玄関先で用事が済んだら、挨拶をして退出します。家の中に上がらなければいけないときは、**お尻を相手に向けず**に靴を脱いで家に上がってから、床に膝をついて靴の先を扉側に向けて、端にそろえて置きます。和室に通されたら、座布団の横に座り、すすめられてから座

布団に座ります。座布団を踏むのはマナー違反なので、踏まないように注意してください。

訪問先での靴の脱ぎ方・履き方

靴の脱ぎ方

・正面を向いたまま靴を脱ぐ

・体を斜めにして、床に膝をつく

・靴を持ち、玄関のドア側に向け、端にそろえて置く

💡 アドバイス

靴を脱ぐときは、お客様にお尻を向けてはいけないが、履くときは、向けても問題ない

靴の履き方

・スリッパを履いている場合、玄関方向を向けたまま脱ぐ

・体の向きを変えず、そのまま靴を履く

・靴を履いたら、体の向きを変え、スリッパをそろえる

個人宅訪問後のちょっとした気遣い

帰り際の一言が大切

お茶やお茶菓子の感想や、家の雰囲気を褒めるなど、何気ない一言がお客様にとってはうれしい場合もある

帰社したら電話する

お客様の中には無事に会社に戻れたか気にかけてくれる人もいるので、帰社後はお礼も兼ねて電話をかけるとよい

⚠️ **注意点**

お客様からの食事のお誘いは断るのが基本。「●時には戻るようにいわれているので」など、お客様を傷つけない断り方をする。ただし、再度「どうしても」と強くすすめられた場合は「では、今回だけお言葉に甘えまして」と言葉を添えて申し出を受ける

Point 👆

☑ 和室を想定し、ミニやタイトスカートは避ける

☑ インターホンを押す前に身だしなみを整える

☑ 靴を脱ぐときは相手にお尻を向けない

お客様へのお茶の出し方

●特に要望や指示がない場合は日本茶を出す

お客様が自社にいらっしゃった場合、歓迎の気持ちも込めてお茶を出します。特に指示がない場合は**日本茶**を出します。日常茶である番茶やほうじ茶ではなく、煎茶を選びましょう。夏に冷たい飲み物を出すときは、しずくが落ちないようにコースターを用意します。お茶を出すお客様と自社社員の人数は、面談の担当者からお茶を出すように指示されたときに確認しておきましょう。

美味しいお茶のいれ方

1	お湯を適温にする	沸騰したお湯を湯呑や湯冷ましに注ぎ、適温になる（お茶の種類により適温は異なる）まで冷ます
2	茶葉を入れる	人数が多い場合は茶葉の量を少なくしたり、複数の急須を使うなどし、一度に大量につくらない
3	茶葉を蒸らす	お湯を急須に入れ、蓋をして蒸らす。急須を揺らすと、色は濃くなるが、甘味が少しなくなるので注意
4	均等に注ぐ	お茶の量や濃さが均等になるように、複数の湯呑を順に少しずつ注ぐ

●均一の濃さになるように少量ずつ注ぐ

お茶をいれるときは、事前に**茶碗に汚れやヒビ**がないか確認します。沸騰したお湯を入れて茶碗を温めます。急須には一人あたりティース

プーン1杯の茶葉を入れ、80度程度に下がった茶碗のお湯を急須に入れて1分ほど蒸らします。均一の濃さになるように、それぞれの茶碗に少しずつお茶を注ぎます。茶碗の7〜8分目ぐらいを目安にお茶を注ぎます。

• 上座から順番にお茶を出していく

面談での具体的な話が始まる前までが、お茶を出すのに最適のタイミングです。担当者が入室してから**5分以内**にお茶を出せるように心がけましょう。お茶は、お客様を優先に上座から席次の順に、出していきます。

お茶は相手の右手側から両手で出すのが基本ですが、難しい場合は「こちらから失礼いたします」と一言添えて、左手側や正面から出してもかまいません。

お茶出しの基本の流れ

入室する ▶ **茶托に湯呑を乗せる** ▶ **お茶を出す** ▶ **退室する**

ドアをノック。「失礼いたします」といってから入室。入室したらお客様に会釈する。お盆は左手で持つ	お盆をテーブルに置き、茶托の上に湯呑を乗せる。お盆から直接湯呑を置くのは失礼にあたるので注意する	お茶は席次順に出す。お茶を出す相手の右側から、茶托を両手で持ち「失礼いたします」と一言添えて出す	お茶を出し終えたら、お盆を音を立てずに持ち上げ、ドアの前で黙礼をする。その後、静かに退出する

Point

☑ 特に指示がなければ、**煎茶**を出す
☑ **人数を確認**してお茶をいれる
☑ **お客様を優先**して上座からお茶を出す

印象がよくなる
マジックフレーズ

　マジックフレーズとは、101 ページでも紹介したクッション言葉のこと。相手にお願いしたり、お礼をいったりするときに使うと、自分への印象がよくなる効果も期待できます。「資料をご確認ください」というのと「恐縮ではございますが、資料をご確認いただけますでしょうか」というのでは、後者のほうが相手へのお願いの気持ちや気遣いが伝わりやすいものです。また、マジックフレーズは、メールでも使えるので積極的に使いましょう。ほかにも、相手の印象をよくすることができるのが、相づちです。相手の言葉を繰り返したり肯定したりすると「話を聞いてくれている」「伝わっている」と相手は思いやすく、気持ちよく会話を続けてくれます。会話やメールでは、マジックフレーズを意識すると印象がよくなると覚えておきましょう。

印象をよくする相づちのテクニック

①繰り返す
「○○されていたのですね」
など相手がいったことを
繰り返していう

②肯定する
「その考えに賛成です」
など相手の話を
肯定する言葉を伝える

③共感する
「そうなんですね」「確かに」
など相手がいったことに
共感していることを伝える

④興味を示す
「本当ですか」「すごいです」
など相手がいったことに
興味を持っていることを示す

第 6 章

\ いざというときにあわてない！/

会社&取引先との
お付き合い

仕事以外のお付き合いも大切です。あなたが仕
事ができ、ビジネスマナーも完璧でも、冠婚葬
祭や接待などで非常識な言動をしてしまっては、
一気に周囲の評価が下落します。社会的なマナー
も身に付けワンランク上のビジネスパーソンを
目指しましょう。

ビジネス行事の基礎知識

● 社会人はさまざまな行事に参加する機会がある

社会人になると、会社関係者の冠婚葬祭や取引先の新年会など、さまざまな行事に招待される機会があります。仕事関係の人から招待された場合は、**業務時間外でも業務**と同じです。適した振る舞いや服装ができなければ、あなただけでなく会社の評価も下がってしまいます。経験がないビジネス行事への参加が決まったら、上司や先輩にどんな内容で、どう振る舞えばいいのかを教えてもらいましょう。

● 慶事にはさまざまな種類がある

慶事とは結婚や昇進、栄転などのお祝いごとのこと。取引先の人の結婚や昇進で、祝電を打ったり祝賀行事に参加することもあります。その際は**上司の指示に従って**祝電やお祝いの品を準備しましょう。自社で祝賀行事が開催される場合は、会場の受付や来場したお客様の接客など、もてなす側の立ち居振る舞いを身に付ける必要があります。

● 職場の飲み会に「無礼講」はありえない

業務時間外であっても、会社の飲み会などのイベントは遊びではありません。「**社員の一人**」として参加します。社内イベントの際の服装は、ラフすぎず、派手すぎず。集合時間も厳守しましょう。上司や先輩から、飲み会の席で「今日は無礼講だから」といわれても「無礼講」ではありません。上司や先輩を立て、常に失礼のない態度で参加することが大切です。

主なビジネス行事

新年会	仕事始めに際し、気持ちを切り替える場として開催される。社内の場合、新たな年の目標などを含め挨拶することも
賀詞交歓会	取引先などのビジネスの関係者が新年の挨拶や名刺交換を通じ交流を図り、親睦を深めることを目的に開催される
仕事納め・納会	その年の業務を終えること。民間では仕事納めというが、官公庁では御用納めという。仕事納め後に納会という宴席が設けられるケースが多い
年始回り	新年の挨拶や日頃の感謝を伝えるために取引先などを訪問することを指す。1月7日〜15日（松の内）の間に訪問するのが基本。通常、訪問する際にはお年賀（手土産）を持参する
歓送迎会	異動などで新たに入った人を迎え入れる歓迎会、労いや感謝を異動や退職する人に伝える送別会があり、両者をまとめて行うこともある

社内行事のポイント

積極的に交流する	他部署など普段話せない多くの人と交流ができる。誰とも話さない、つまらなそうな態度は印象を悪くする
気配りを意識する	幹事を積極的に手伝ったり、場になじめていない人に話しかけるなど、周りをサポートする意識を持って行動する
時間は必ず守る	集団行動なので時間を守ることは必須。どうしても仕事が調整できない場合は遅れてしまう旨を、早めに伝える
上下関係を忘れずに	勤務時間外の行事であっても無礼講ではない。羽目を外さず、上司や先輩に対しては敬意を持って接する

Point

☑ ビジネス行事での振る舞い方は上司や先輩に聞く
☑ 上司の指示に従い慶事に対応する
☑ ビジネス行事で「無礼講」はありえない

接待・会食の基本

● 接待と会食の違い

「会食」は、人が集まって一緒に食事をすることを指す言葉で、「接待」は取引先などの相手をもてなすときに使われる言葉です。会食も接待も相手と良好な関係を築き、仕事を円滑にすることを目的に行われるもの。食事で相手と良好な関係を築くには、**正しい食事マナーとおもてなしの心**が不可欠です。会社の代表として参加するので、マナー知らずと思われないように準備は万全にしていきましょう。

● 接待の席次のルール

接待や会食の際も「**席次**」があります。お座敷の場合、一番格が高い床の間の前に座るのが主客（主役）で、接待する側は給仕の対応などをするため、出入口に一番近い席に座ります。イス席の場合も同じです。そして2番目に格が高い席が主客から見て左、3番目が右の席となり、その順にお客様を案内します。

● 酒席のマナーを知っておこう

関係をよくするための酒席で醜態をさらして悪い印象を与えては意味がありません。酔いつぶれて眠ってしまったり、周囲に迷惑をかけることがないように、**限界を超える飲み方は厳禁**です。

また、お酌をしない、相手のお酌を断る、大声で店員を呼ぶ、といった行為はマナー違反で相手の印象を悪くします。知らなかったでは済まされません。

お酌の作法

	お酌をするとき	お酌をされるとき
ビール 	注ぐときはラベルを上向きにして、右手で上を持ち左手は下から支えるように持つ。最初は勢いよく注いで、泡が立ったらゆっくり注ぐ。ビールと泡の割合は7：3が理想	グラスを両手で持ち、相手が注ぎやすい位置にグラスをやや傾けて差し出す。泡が立ったら徐々にグラスを起こす。お酌をされたら、一口飲んでからグラスを置くのがマナー
日本酒 	右手で徳利の真ん中を持ち、左手で下側を支えながらお猪口の8分目ぐらいを目安に注ぐ。注ぎ終わったら徳利を少し回してから起こすとしずくがこぼれにくい	お猪口を右手の親指と人差し指で持ち、中指と薬指でお猪口の底を挟むようにして持つ。左手は底を支えるように添える。お酌されるときはお猪口を空にしてから差し出す
ワイン 	ラベルを上向きにして、片手で底を包むように持ち、グラスの3分の1を目安に注ぐ。注ぐときはグラスに触れない。注ぎ終えたら、しずくがこぼれないようにボトルを回す	グラスはテーブルに置いたまま。ソムリエがいるときはお酌はしない。お代わり不要のときはグラスに手を置くなど、言葉ではなくジェスチャーでソムリエに伝える

Point
- ☑ 正しい**食事マナー**を身に付ける
- ☑ **会食の席次**のルールも知っておく
- ☑ 会食・接待では**飲み方**にも注意

食事のマナー

● 食事中の中座はマナー違反

　一緒に食事をする相手に常識知らずと思われないためにも、最低限のテーブルマナーは身に付けなくてはいけません。最初に注意したいのが、カトラリー（ナイフやフォークなど）の使い方以前に、食事中の**中座はマナー違反**ということ。自分の都合で相手を待たせることになるからです。食事前には携帯の電源を切り、途中で行かないようにトイレを済ませておきましょう。

● 箸、ナイフなどの正しい使い方を知っておく

　和食の場合、特に注意したいのが**箸の使い方**です。箸を握るように持つ「握り箸」、どれにしようかと迷う「迷い箸」、箸を突き刺す「刺し箸」などは見ている相手に不快感を与えてしまいます。また、洋食の場合は、左利きであってもナイフは右手、フォークは左手で使うなど、決まった使い方があるので正しい知識を覚えておきましょう。

● 音を立てないのが食事の基本

　食事中は**音を立てない**のが最低限のマナーです。音を立てながらナイフやフォークを使ったりスープを飲んだりする行為は相手を不快にさせる重大なマナー違反です。食べ物を口に入れたまま話すのも NG です。食事のスピードは速すぎると相手を急かすことに、遅すぎると相手を待たせることになるので相手に合わせます。会食の席では、電子タバコを含めてタバコは厳禁です。

食事中の主な NG 行為

食べながら会話する	お店の人を大声で呼ぶ	音を立てて食べる
箸やフォークを人に向ける	料理を残す・食べない	料理の批判をする
空いた食器を重ねる	肘をつく・足を組む	スマホをいじる
テーブルにカバンを置く	何もいわずに中座する	タバコを吸う

相手を不快にさせる主な箸使い

寄せ箸	箸で茶碗や皿を寄せる
迷い箸	料理の上で箸をうろうろと動かす
移り箸	一度とった料理を戻して他の料理を取る
重ね箸	同じ料理ばかり食べ続ける
空箸	料理に箸をつけたのに取らずに箸を置く
くわえ箸	箸を口にくわえて茶碗や皿を持つ
こじ箸	箸で料理の中を探る
刺し箸	箸で料理を突き刺して取る
逆さ箸	料理を取るときに箸を上下逆にして取る
直箸	大皿から自分の箸で直接料理を取る
ねぶり箸	箸についた料理を舐めて取る
そろえ箸	口や皿を使って箸先をそろえる

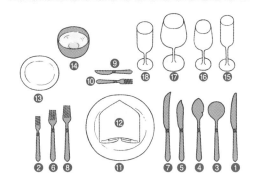

テーブルセッティング例

カトラリー

①オードブルナイフ　⑤魚用ナイフ　⑧肉用フォーク
②オードブルフォーク　⑥魚用フォーク　⑨デザートナイフ
③スープスプーン　⑦肉用ナイフ　⑩デザートフォーク
④ソーススプーン

その他

⑪位置皿　⑭フィンガーボウル　⑰赤ワイングラス
⑫ナプキン　⑮シャンパングラス　⑱水用グラス
⑬パン皿　⑯白ワイングラス

● 食事のマナーは正しい姿勢から

　会食の場では**正しい姿勢**も食事マナーの基本のひとつ。背筋を伸ばして、イスに姿勢よく座ることから始めましょう。背もたれに寄りかかったり、足を組んだり、テーブルに肘をつくのもマナー違反です。また、お皿を持たずに食べる「犬食い」は、姿勢を崩す食べ方なのでNGです。

● 会食中、スマホはテーブルの上に置かない

　会食中にテーブルの上に食事とは関係ないものを置くのはマナー違

反です。一人で食事をするときとは違い、取引先や上司との会食では
スマホはマナーモードか電源オフにして、カバンにしまっておきま
しょう。緊急の連絡を待っているなど特別な場合は、会食前に断りを
入れておきましょう。連絡が来たときも席で電話には出ず、**料理の合
間**に相手に断りを入れてから席を外し、店の外に出てから通話をする
ようにします。

• 箸と椀を片手で持つのはマナー違反

　和食で椀や器を持つときは、箸と器を片手で一緒に持つのはマナー
違反です。**器を持つときは箸を置いてから両手で持ち**ます。椀は左手
の親指を椀の縁にかけ、残りの指を椀の底に添えて支えるのが正しい
持ち方です。尾頭付きの魚は、頭を左側にして置かれていますが、中
骨に沿って身に箸を入れ、頭の後ろから左から右へと食べていきます。
尾から食べたり、ひっくり返したりするのはマナー違反です。

立食パーティーのマナー

冷たい料理と 温かい料理を 同じ皿に盛らない	料理は 仲間の分まで取らず 自分の分だけ取る	一度使った 皿は使わず 新しい皿を使う
お皿に料理を 盛る量は 7割を目安にする	一度に複数の 皿を使って 料理を取らない	イスに 座らない (体調不良を除く)

Point

☑ 音を立てたり、悪い姿勢は重大なマナー違反
☑ 食事中は**スマホを机に置く**のもマナー違反
☑ 食器の**正しい持ち方・使い方**を知っておこう

披露宴のマナー

● 結婚式の招待状の返信はなるべく早く

式場の席や引出物などの都合もあるので、結婚式の招待状が届いたら**数日中に返信ハガキを出す**のがマナー。晴れ舞台であり、お祝いの席への招待なので、絶対に外せない仕事などがない限り出席するようにしましょう。身内の不幸や急病などよほどのことがない限り、ドタキャンは NG。祝いの席に空席をつくるのは非常に失礼になります。

● 御祝儀袋の書き方

結婚式の御祝儀袋への記名は、筆など**筆跡が濃く、太く残るもの**で書きます。これは「2人の縁や気持ちが薄れないように」という縁起をかついだものです。自分の名前は祝儀袋の中央にフルネームで書き、仕事関連の場合は右側に社名を入れます。複数人で御祝儀を渡す場合、右から社歴が長い順に書きます。4人以上の場合は、中央に代表者の名前を書き、左側に「外一同」と記します。

● 結婚式の服装は場にふさわしいものを

結婚式は仕事関係者だけでなく、新郎新婦の親族や親しい友人も集まる**格式高い場**です。自分が同僚や友人などの場合は、男性なら黒、または濃い紺などのスーツを着用します。女性は全身真っ白や真っ黒の服装はマナー違反になります。全身真っ白は花嫁の装い、黒の服装は喪服を連想させる装いだからです。また、露出が多い服装も NG。二次会に参加する場合は、それも考慮した服装にしましょう。

招待状の返信

出席の場合

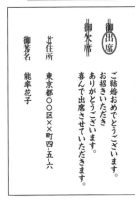

御出席

御欠席

御芳名　能率花子

ご住所　東京都〇〇区××町四-五-六

ご結婚おめでとうございます。
お招きいただき
ありがとうございます。
喜んで出席させていただきます。

欠席の場合

御出席

御欠席

御芳名　能率太郎

ご住所　東京都〇〇区××町一-二-三

ご結婚おめでとうございます。
お招きいただき
ありがとうございます。
残念ながら都合により
出席することができません。
お幸せをお祈り申し上げます

・返信ハガキの余白に**お祝いの言葉**と招待されたことへの**感謝の言葉**を書く
・「御出席」「御欠席」の該当しない部分を**二重線で消す**
・「御」（相手から自分への敬語表現）を**二重線で消す**
・返信ハガキの表面にある「〇〇行・宛」を**二重線で消し**「様」と書き直す

御祝儀袋の書き方

基本	サインペンか筆ペンで中央に**フルネーム**を書く
連名	連名は**3名まで**。右から上位順に書く。夫婦の場合、性は代表者のみでよい。**4人以上**の連名の場合は、**代表者のフルネーム**と「**外一同**」と書く
職場関係	職場でまとめる場合は**会社名**や**部署名**を明記する

	夫婦	3人	4人以上	部課一同
寿	能率太郎 花子	山田一郎 佐藤太一郎 加藤亮子	山下修二 外一同	株式会社〇〇 営業部一同

● 結婚式の御祝儀の相場とは?

　結婚式で御祝儀を贈るときは、**新札で用意**します。金額は相手との関係性や親しさによって変わり、新郎新婦が会社関係の場合 2 〜 3 万円が相場といわれます(地域によって異なる)。しかし、日本では「割りきれる偶数」は縁起が悪いとされているのでそれも考慮しましょう。

　奇数や偶数にも例外があり、「4」は死を、「9」は苦を連想させるので絶対に避けるべき数字です。反対に偶数でも「8」は末広がりで縁起がいい数字とされています。

　職場関係者が一緒に参加する場合は事前に周囲と相談し、上司より金額が多かったり、同僚より金額が少なくならないようにしましょう。

● 式に欠席するときの御祝儀は?

　結婚式に招待されて欠席する場合は、お祝いとお詫びの気持ちを伝えるために御祝儀を贈るのがよいでしょう。金額は、相場の半額から 3 分の 1 が目安です。直接手渡しできない場合は、式の**1週間前**までに御祝儀袋に入れて現金書留で送ります。

　会社関係者の結婚式があることを知っており、招待されていない場合は、上司に確認をしてから結婚式当日に祝電を打ってもよいでしょう。祝電の宛先は式場で、宛名は新郎新婦ともに旧姓で送ります。

● 祝辞では口にしてはいけない言葉がある

　会社の同僚や友人として結婚式の祝辞を頼まれたら、できるだけ引き受けましょう。祝辞は、まず新郎新婦や親族の方にお祝いの言葉を述べてから自己紹介します。式の主役は新郎新婦ですので、長い自己紹介や長すぎる祝辞は NG。聞いている人を不快にさせる過去の恋愛話や暴露話も NG です。お祝いの席では、「切れる」「別れる」など別れを連想させる**「忌み言葉」**は使ってはいけないので、事前にスピーチの内容を確認しておきます。

披露宴の服装

 男性

スーツ	ブラックスーツや濃紺
シャツ	白のスタンダードシャツ
ネクタイ	白またはシルバーグレー
靴下	黒、カジュアルな式なら柄物も可
靴	紐つきの黒色の革靴

 女性

ドレス	新婦より控え目なもの。白や黒一色は避ける
羽織	肌の露出を避けるため着用
足元	素肌の露出は避け、肌色のストッキングを着用
靴	つま先、かかとが露出しないパンプスを履く
バック	皮革製はNG。小型の布製バック

忌み言葉と言い換え例

忌み言葉	言い換え例
お忙しい中	ご多用のところ
短い時間	つかの間
時間の流れ	時間の経過
終了	お開き
まだまだ	今はまだ
ますます	もっと

忌み言葉	言い換え例
帰る	帰宅
再び	今一度
次々	たくさん
くれぐれも	今後とも
辛かった思い出	頑張った思い出
去年	昨年

 Point

☑ 結婚式の出欠ハガキは**早めに返す**
☑ 御祝儀袋には**濃く太い文字**で名前を書く
☑ 結婚式の服装は**ふさわしいもの**を選ぶ

葬儀のマナー

• 取引先から訃報を受けたときにすること

電話で訃報を受けたときは「このたびはお悔やみ申し上げます」と伝え、通夜や葬儀の予定を聞きます。その後、上司に報告して香典、供花、弔電など会社としての対応を確認します。香典は宗教によって書き方が異なるため注意が必要です。「**御霊前**」という表書きの不祝儀袋であれば、宗教にかかわらず使うことができます。

• 葬儀の際の服装やアクセサリーの基本

「急ぎ駆けつけた」ということになるので通夜は地味な平服でかまいません。しかし、葬儀・告別式の服装は**喪服で訪れる**のが一般的です。男性は黒いスーツに白無地のシャツ、黒いネクタイを締め、ネクタイピンなど派手なものを避けます。女性は一般的な喪服を着用しましょう。アクセサリーは結婚指輪以外つけないのが基本ですが、一連の真珠のネックレスや一粒の真珠のイヤリングなら問題ありません。

• 身内や会社の上司・同僚の葬儀のマナー

上司や同僚に不幸があったとき、香典は会社の代表者が会葬する際に「**社員一同**」という形でまとめたものを持参するのが一般的です。また、自分の身内が亡くなったときはすぐに上司に連絡を入れ、忌引き休暇を願い出ます。一般的な葬儀の場合は日時や場所などを会社に伝え、参列の案内をします。家族葬にする場合は、通夜、葬儀・告別式ともに家族で行い、会社の人は参列しません。

弔問の服装

男性　シャツ以外は黒で統一

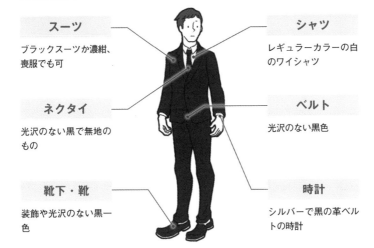

スーツ

ブラックスーツか濃紺、喪服でも可

ネクタイ

光沢のない黒で無地のもの

靴下・靴

装飾や光沢のない黒一色

シャツ

レギュラーカラーの白のワイシャツ

ベルト

光沢のない黒色

時計

シルバーで黒の革ベルトの時計

女性　飾りのないシンプルな黒色で統一

髪型

髪は飾りのない黒のピンなどでシンプルにまとめる

アクセサリー

真珠の一連ネックレスは可。結婚指輪も OK

靴下・靴

黒のストッキング、装飾のない黒色のパンプス

メイク

控え目なナチュラルメイク。赤い口紅は NG

スーツ

黒色のフォーマルウェア。肌の露出は避ける

カバン

小ぶりの布製の黒色が基本。革や合皮でも可

• 遺族に挨拶するときに気をつけたいこと

　通夜・告別式の席で遺族に挨拶をする際は、遺族が葬儀や弔問客への対応で忙しいことや、弔問客がほかにいることに配慮し、**黙礼で済ませる**のが基本です。また、知人に会っても大声での会話や雑談は控え、会釈をする程度に留めます。

　遺族にお悔やみを述べるときは「このたびはご愁傷様でございます」「心よりお悔やみ申し上げます」と、声のトーンを低くしていいます。「かさねがさね」「くれぐれも」といった繰り返しの言葉は、不幸が重なることに通じる忌み言葉なので避けましょう。

• 仕事関連の香典の相場は？

　会社の上司や同僚の葬儀に参列する場合、香典の金額は 5000 〜 1 万円程度。上司や同僚の配偶者や家族が亡くなった場合は 3000 〜 5000 円、取引先の場合は 3000 〜 1 万円が目安です。通夜・告別式どちらにも参列できない場合は弔電を打ちます。

　弔電は通夜・告別式の**前日までに送る**のがマナーです。文面は、個性的なものよりもシンプルな定型文がよいでしょう。

• もっとも多く行われている仏式の焼香の作法

　仏式では焼香、神式では玉串奉奠(たまぐしほうてん)、キリスト教では献花を行いますが、日本の葬儀で**もっとも多いのは焼香**で、手順は次の通りです。

　まず焼香台の少し手前で遺族と僧侶に一礼します。一礼したら焼香台の前まで進み、祭壇に向かって一礼します。その後、抹香を右手の親指、人差し指、中指でつまんだら少し頭を下げ、つまんだ抹香を額の高さまで持ち上げた後に静かに香炉の炭の上に移します。遺影に合掌し、一礼をしてから、少し後方に下がり、遺族の方を向いて一礼してから席に戻ります。焼香の回数は、宗派によって異なることもあるので、事前に確認しておくか、先の人のやり方を参考にしましょう。

覚えておきたい弔事に関する主な用語

会葬者	葬儀に出席する人	**喪主**	遺族の代表で葬儀の主催者
故人	亡くなった人	**香典**	霊前にそなえる金銭
逝去	「死ぬ」の敬語表現	**弔辞**	故人を惜しんで贈る別れの言葉
享年	亡くなったときの年齢	**忌服**	故人の親族が一定の期間喪に服すること
喪章	葬儀でつける黒いリボンや布	**忌明け**	喪に服する期間を終えること
弔問	遺族を訪問してお悔やみの言葉を伝えること	**回忌**	故人の命日

参列時の立ち振る舞いの注意点

遅刻と退席

遅れても通夜には参加するのがマナーだが、葬儀や告別式は遅刻厳禁。香典は葬儀開始10分前までには渡す。仕事や電話のためでも途中退席はNG。退席するなら読経と焼香が済んだ後、周囲に配慮して静かに退席する

遺族への挨拶

遺族は弔問客への対応で多忙なので手短かにお悔やみの言葉を伝える。言葉は少なくても参列することで弔意は伝わる。亡くなった理由を尋ねるのはNG。葬儀でも忌み言葉があるので、言葉選びは慎重に

個人的な会話

顔見知りに会っても通常の挨拶や仕事の話をするのはNG。目礼や会釈に留める。葬儀後の食事会には参加するのがマナーだが、滞在は30分ほどにする、故人との思い出話以外は話さないようにする、という点に注意

Point
- ☑ 訃報を受けたら上司に連絡して指示に従う
- ☑ 葬儀・告別式は喪服で。装飾品にもルールがある
- ☑ 弔電はシンプルな定型文がベスト

贈答・お見舞いのマナー

● 贈答の手配の前に、上司に予算の確認を

　日本にはお世話になっている取引先などに対して、お中元やお歳暮、慶事・お祝い事などで贈答品を贈る習慣があります。予算や贈答品は相手やその年によって違うことがあるので、**上司に確認**しましょう。自分で贈答品を選ぶ場合は、好みが分かれる特殊なものを避け、一般的なものを送るのが無難です。

● 相手が必要としているものを聞いて贈る

　結婚・出産、昇進・定年退職などで会社の人にお祝いの品を贈るときは、**相手が必要としているもの、喜ばれるもの**を贈るのが基本です。しかし、結婚では「切れる」に通じるため刃物はタブー。縁起が悪いものもあるのでお祝いの贈り物選びには注意が必要です。結婚祝いや出産祝いは、他の人と重複しないように相手に希望を聞いてから手配すると喜ばれます。昇進・定年退職祝いは会社の慣例に従いましょう。

● お見舞いの時間は長くても 20 ～ 30 分に

　上司や同僚がケガや病気で入院した際のお見舞いでは、まず相手の家族に**お見舞いできる状態なのかどうかを確認**します。お見舞いには代表者 2 名程度で行くのが一般的です。病院の面会時間を厳守し、派手な服装、香りの強い香水などは控えましょう。お見舞いの際は、仕事の話やケガや病気に関する詳しい話は避け、明るい話を心がけます。滞在時間は長くても 20 ～ 30 分にしましょう。

お中元・お歳暮のポイント

お中元	関東：7月初旬〜15日
	関西：8月初旬〜15日

お歳暮	関東：12月上旬〜15日
	関西：12月上旬〜25日

💡 アドバイス

・お中元の目安は 3000 〜 5000 円、お歳暮はお中元よりも少し高い物を贈る

・会社に贈るなら社員で分けやすい個包装の長期保存できる菓子、家族がいる人向けならビールやそうめんなど家族構成を考慮した選択をする

お見舞い品選び

花
花束やフラワーアレンジメントで渡す。鉢植えは「根付く＝入院が長引く」とされるので NG。においが強い花、青・白・赤の花は避ける

果物
皮を剥いて食べるものは手間になるので避ける。保存が難しい果物は、冷蔵庫で保存できるか確認したうえで持参する

本
暇つぶしになるので本人の好みに合わせた本は喜ばれる。ただし、暗い内容や病気に関する本などは避ける

現金
入院するとお金がかかるので現金はもっとも喜ばれるお見舞い品。会社関係者の場合は 3000 〜 1万円が相場

Point

☑ 季節の贈り物の相手先や予算は上司に確認

☑ 結婚・出産祝いは相手に希望を聞く

☑ お見舞いは短時間で切り上げるのが心遣い

参考文献・参考サイト

『ビジネスマナーがかんたんにわかる本』日本能率協会マネジメントセンター（編）／
日本能率協会マネジメントセンター／2009
『安心と自信を手に入れる！ビジネスマナー講座』田巻華月（著）／同文舘出版／2021
『ビジネスマナーの解剖図鑑 新しい生活様式対応版』北條久美子（著）／エクスナレッジ／2021
『入社1年目ビジネスマナーの教科書』金森たかこ（著）西出ひろ子（監）／プレジデント社／2017
『これ1冊でOK! 社会人のための基本のビジネスマナー』浅井真紀子（監）／ナツメ社／2019
TMJ　業務改善ノート【営業担当者向け】Web会議時代のマナーとポイント12箇条
https://www.tmj.jp/column/column_11096/

やさしい・かんたん　ビジネスマナー

2023年6月10日　初版第1刷発行

編　者─────日本能率協会マネジメントセンター
©2023　JMA MANAGEMENT CENTER INC.
発行者─────張　士洛
発行所─────日本能率協会マネジメントセンター
〒103-6009　東京都中央区日本橋 2-7-1 東京日本橋タワー
TEL：03-6362-4339（編集）／03-6362-4558（販売）
FAX：03-3272-8127（販売・編集）
https://www.jmam.co.jp/

装丁─────山之口正和＋齋藤友貴（OKIKATA）
編集協力────木村伸司、山﨑翔太（株式会社 G.B.）
イラスト────増渕芽久美
執筆協力────金澤英恵、内山慎太郎、大越よしはる、
　　　　　　　富山佳奈利、龍田 昇、村沢 譲
本文デザイン──深澤祐樹（Q.design）
DTP─────G.B.Design House
印刷所─────シナノ書籍印刷株式会社
製本所─────東京美術紙工協業組合

本書の内容の一部または全部を無断で複写複製（コピー）することは、
法律で認められた場合を除き、執筆者および出版社の権利の侵害となりま
すので、あらかじめ小社あて許諾を求めてください。

ISBN 978-4-8005-9111-1　C2034
落丁・乱丁はおとりかえします。
PRINTED IN JAPAN